RADIATIONS DES FORMES ET CANCER

> Il n'y a aucun secret en Radiesthésie, ou plutôt il y a un secret, un seul : le Travail.
> *G. Lesourd*

> La science d'aujourd'hui est obligée de renouer avec la Tradition.
> *Dr. E. Maury*

PAR

ENEL

Auteur de "Cure Magique au XXe siècle".
"La Médecine au Temps des Pharaons" et autres ouvrages.

www.eBookEsoterique.com

Avertissement de l'éditeur

Nos livres sont la reproduction digitale de textes devenus introuvables.

Le lecteur voudra bien excuser le léger manque de lisibilité et les imperfections dues aux ouvrages imprimés il y a des décennies, voir des siècles.

Par égard à la mémoire des auteurs et la spécificité des ouvrages, il convenait de les reproduire tels les originaux.

TABLE DES MATIÈRES

Introduction		7
PREMIERE PARTIE : LES OBJETS RADIANTS		17
Chapitre 1.	Les Principes	19
Chapitre 2.	Les mesures	33
Chapitre 3.	Les radiations radiesthésiques ne sont pas d'ordre électro-magnétique	46
Chapitre 4.	Les formes radiantes	53
Chapitre 5.	Les substances radiantes	65
Chapitre 6.	Application pratique	74
DEUXIEME PARTIE : CANCER		87
Chapitre 1.	Définition et causes	89
Chapitre 2.	Différentes méthodes employées par la médecine pour combattre le cancer	106
Chapitre 3.	Le rayon PI.	119
Chapitre 4.	Quelques exemples	135
Conclusion		148
Bibliographie		151

INTRODUCTION

Dans mon livre "Premiers Pas en Radiesthésie Thérapeutique", j'ai indiqué des procédés très simples, permettant à chacun de se rendre compte de la réalité du rayonnement mystérieux des "couleurs". J'ai classé ces vibrations dans l'ordre du spectre solaire, afin de présenter un système et un point de départ. Ceci devint possible grâce au "Pendule Universel" de Chaumery et Bélizal qui est aussi à la base de toutes mes expériences et observations, et de ce qui constitue l'objet du présent ouvrage. Sans la classification précise de la gamme des "couleurs", tout ce qui suit devient purement arbitraire et sans fondement. Ainsi pour comprendre le présent ouvrage, il est indispensable d'accepter la classification proposée dans les "Premiers Pas..." et de se familiariser avec le maniement du P.U.

Le malheur de la radiesthésie réside dans le fait, qu'il n'existe pas de système généralement accepté par tous ceux qui la pratiquent, et que chacun travaille à sa façon et avec ses propres instruments. Beaucoup de radiesthésistes obtiennent des succès, qui sont pour la plupart dûs au fait, que celui qui la pratique est lui-même plus ou moins doué suivant ses aptitudes naturelles. La plupart des chercheurs d'eau ne s'intéressent nullement à étudier les lois et à élaborer une théorie. Ce qui les intéresse exclusivement c'est le résultat de leurs recherches, les succès dont ils se vantent, alors qu'ils passent sous silence les insuccès et les déceptions. Ils n'en recherchent pas les raisons afin de les éliminer et ceci précisément par manque de système.

Il y a deux ou trois ans un congrès de radiesthésistes s'est tenu en Angleterre. Plus de cent personnes y étaient présentes et, fait curieux, il n'y en avait pas deux qui pouvaient s'entendre sur les procédés pour obtenir des manifestations identiques: chacun travaillait à sa façon et avec des appareils personnels. Il est naturel que dans ces conditions un contrôle réciproque entre les opérateurs devient impossible, et le préjudice créé à la radiesthésie est évident.

Comment peut-on appeler "science" ce qui n'a pas de base solide, d'axiomes acceptés par tous ?

Les ennemis de la radiesthésie ont raison de ne pas la prendre au sérieux et de s'en moquer. De plus il y a nombre de charlatans qui profitent de la crédulité du public en lui proposant des appareils quasi miraculeux, capables de guérir toutes les maladies. Ces appareils, très coûteux, ne font qu'un seul miracle: c'est d'enrichir leurs inventeurs aux dépens des malheureux crédules, dupés par une publicité tapageuse. Du reste si on admet même que certains de ces appareils compliqués (la plupart basés sur les principes de la T.S.F.) peuvent parfois donner quelques résultats satisfaisants, on obtient la même chose et même davantage avec des instruments très simples que chacun peut fabriquer lui-même.

Dans son très intéressant livre le Dr. Naret raconte comment, étant parti, au début, d'un appareil plus ou moins compliqué, muni de solénoïdes et d'une règle glissante, il est arrivé à se servir plus tard d'une simple planchette graduée

Les "biomètres" munis d'aimants, de matières quasi radioactives, etc. peuvent être remplacés avec le même résultat par une simple règle graduée normalement en cm.

L'essentiel c'est la Mesure: linéaire et angulaire, l'instrument au moyen duquel on la prend n'importe pas.

Toutes ces complications ne sont nécessaires que pour donner de l'importance à l'appareil aux yeux du profane et pour en hausser le prix. J'ai pu observer plus d'une fois à quel point ces inventeurs connaissaient la psychologie de leur clientèle. Un patient habitué à voir un docteur à la mode manier des appareils électriques très impressionnants, regarde avec mépris mes planchettes où ne figurent que quelques lignes tracées à l'encre.

Comme je l'avais fait comprendre dans les "Premiers Pas..." ce que nous appelons "couleurs" en radiesthésie n'est pas la couleur visible que nous percevons avec notre œil. C'est quelque chose de totalement différent, et pour le moment il est impossible de la définir exactement. Si nous appelons ces vibrations "couleurs" ce n'est que pour pouvoir les classer dans l'ordre du spectre. Mais les radiations proviennent autant de la coloration que de la substance et de la forme de l'objet. Prenons par exemple les métaux: les "couleurs" auxquelles ils répondent ne représentent nullement leur coloration, (p.e. le fer répond au rouge, le mercure au vert etc...). C'est vraisemblablement leur nature particulière, leur individualité, si l'on me permet d'employer ce mot, leur essence qui se manifeste par une radiation particulière correspondant à une vibration de couleur. Mais la vibration rouge du fer n'est pas la même chose que la vibration émise par une étoffe de couleur rouge, quoique l'une et l'autre résonnent à la même place sur le P.U.

Des hélicoïdes tracés sur des cylindres sous divers angles donnent toute la gamme des couleurs du spectre, la différence étant obtenue par le degré d'inclinaison de l'angle constituant l'hélice. Ceci est une vibration de forme qui aussi peut être classée dans le spectre des couleurs tout en n'étant pas une "couleur". Je reviendrai sur cette question que je traiterai en détail au cours des chapitres qui suivent car elle constitue précisément le but du présent ouvrage.

Les anciens Egyptiens connaissaient les radiations émises par les formes et la masse et ils s'en servaient sciemment tant dans leurs constructions (p.e. les Pyramides) que dans les appareils et outils qui, disaient-ils, possédaient une force magique[1]. Les Chinois avaient

---

(1) La médecine était une science très développée en Egypte depuis l'époque la plus reculée. Imhotep, le dieu de la médecine du Nouvel Empire avait réellement vécu environ 3000 ans avant notre ère sous le règne du roi Zoser de la IIIème dynastie. Il était simultanément architecte et médecin. En tant qu'architecte nous lui devons la construction de la pyramide à degrés de Saqqara. En tant que médecin on lui attribue des traités de médecine et de chirurgie, dont nous possédons des fragments de copies postérieures datant de 12 à 14 siècles avant notre ère. Il est entré dans la mythologie grecque sous le nom d'Asclépios et dans le Panthéon romain sous celui d'Esculape. Des témoignages de Diodore et d'Hérodote vantent la perfection de la médecine égyptienne. Le papyrus chirurgical dit d'Edwin Smith, publié par le prof. Breasted témoigne d'un esprit scientifique et d'une profonde connaissance de l'anatomie. Tandis que les papyrus de Berlin (dit d'Ebers),

créé environ 3000 ans avant notre ère le mystérieux Yn-Yang entouré de sa couronne des huit Pa-Koua dont chaque signe répond à une couleur précise du spectre.

L'idée de l'Yn-Yang est la même que celle que les Egyptiens exprimaient par le Mout-F, et les hébreux par I-He-Vau. C'est le principe Un de toute vie qui pour se manifester se dédouble, se divise en deux éléments qui tout en étant distincts forment ensemble le Un primordial, tout en ne se confondant pas l'un avec l'autre. Les lettres entrant dans la formation de ce mystérieux nom des sanctuaires hébraïques Ièvе, indiquent très nettement comment le mystère de la vie se produit. Le I est le principe positif, le He le principe négatif et le Vau est le "lien-séparation" qui tout en les unissant ne leur permet pas de se confondre l'un avec l'autre. C'est le point d'équilibre qui est nécessaire afin qu'une manifestation soit vitale.

Tout l'univers avec tous les objets et tous les êtres qui le peuplent ne peut exister qu'en état d'équilibre. Une fois sortie de l'équilibre c'est la force dominante qui devient destructive en entraînant l'objet ou l'être dans l'abîme du non-être.

Cette idée de Trois en Un placée à la base de tous les enseignements des anciens, ressemble dans le Chris-

---

de Leipzig, ceux de Londres, de l'Université de Californie (dit Hearst) ainsi que les fragments médicaux et vétérinaires des papyrus de Kahoun — prouvent l'existence de la pharmacopée et de préparations chimiques. N'oublions pas que le mot "chimie" provient du nom même de l'ancienne Egypte: KEMI (la terre noire), indiquant ainsi l'origine de cette science.

tianisme au dogme mystérieux de la Sainte Trinité.

Je ne vais pas m'étendre davantage sur ce sujet; j'y reviendrai encore au courant de ce livre, mais si le lecteur désire l'approfondir, il le trouvera exposé en détails dans mes ouvrages antérieurs.

Ce qui nous intéresse pour le moment c'est la question de l'équilibre. Une maladie est le résultat d'un déséquilibre. Ce déséquilibre se produit quand une vibration étrangère à la nature du sujet embrouille le rythme normal des vibrations cellulaires. La cure consiste dans le rétablissement de l'équilibre normal, ou bien dans la recherche d'un nouveau point d'équilibre entre la vibration du sujet et celle qu'il reçoit de l'extérieur[1]. Ceci peut être obtenu soit par l'application de vibrations appropriées, soit par un élément chimique dont l'essence curative n'est autre que sa vibration caractéristique. Ainsi, au fond, les deux méthodes reviennent au même.

J'ai maintes fois observé qu'un médicament était réellement efficace s'il émettait la même vibration que celle qui avait été indiquée par le P.U. comme étant curative. Je conseille donc de vérifier toujours au pendule les médicaments prescrits pour se rendre compte si leurs vibrations ne sont pas contraires à la nature du

---

(1) Un corps reçoit des radiations des corps voisins et rayonne lui-même. Supposons qu'une radiation additionnelle, provenant des molécules voisines, vienne affecter le corps considéré. Il en résulte dans le mouvement vibratoire existant antérieurement, une modification qui dépend des éléments de cette radiation additionnelle.

"Les Frontières de la Science"

malade[1]. C'est bien pour cette raison que j'ai dit dans les "Premiers Pas" que je n'étais pas partisan des médicaments standard; car ce qui peut convenir à l'un, peut renverser l'équilibre d'un autre. Il n'y a pas de maladie, mais des malades, comme enseignaient avec raison les anciens.

Et les maladies microbiennes ? me dira-t-on. Oui certes, notre science moderne a trouvé la cause (?) de certaines affections qui sont provoquées, dit-elle, par des microorganismes. C'est le développement spontané dans un organe déséquilibré d'un microbe qui permet l'observation de symptômes typiques caractérisant une maladie. Comment combattre le microbe sinon par les produits chimiques reconnus efficaces ? Certes, ceci est possible et souvent donne des résultats attendus, souvent mais pas toujours.

Nous savons p.e. que des parasites tels que les punaises, moustiques ou mouches peuvent être détruits par des compositions chimiques à base de poudre de pyrèthre. Agissant sur leurs voies respiratoires elles les asphyxient en les tuant ou en tous cas en les étourdissant pour un certain temps.

Les sulfamides, tellement en vogue, attaquent les microbes ayant envahi les voies sanguines. Le soufre qui constitue la base de ces médicaments, est transporté par les globules rouges du sang et agit précisément de la même facon en asphyxiant les microbes. Mais en même

---

(1) Il a été prouvé que l'action de certains remèdes correspond à celle des couleurs du spectre solaire.

Dr. Babbitt.

temps, vu qu'il remplace l'oxygène transporté normalement par les globules rouges, tout l'organisme en ressent l'effet, ne recevant pas l'oxygène nécessaire à son fonctionnement normal. Ainsi le produit chimique, tout en tuant le microbe, agit en même temps d'une façon déséquilibrante sur la vie de l'organisme. D'où les étouffements, les palpitations de cœur et autres signes de dérangement des organes.

Une grande partie des médicaments pris par la bouche ou injectés dans le sang, quoique efficaces peut-être par rapport au mal, sont difficilement supportés par l'organisme et souvent, surtout dans les cas d'affaiblissement de ce dernier, sont contre-indiqués. Alors, que faire pour combattre le mal ? se demandera-t-on.

Ici la radiesthésie et l'ionisation peuvent rendre des services appréciables en n'affectant aucunement le fonctionnement normal des organes.

Un microbe, comme toute autre chose, possède son propre rythme de vibrations. Il suffit donc de renverser ce rythme par des vibrations plus fortes et de nature contraire, pour le déséquilibrer. Il perd ainsi toute sa virulence et peut même être tué. Des expériences faites sur des microbes de choléra prouvèrent qu'ils pouvaient être tués uniquement par des vibrations contraires à leur nature, en l'espace de deux minutes. Ceci n'est qu'un exemple parmi beaucoup d'autres.

Un autre moyen aussi très efficace dans certains cas est l'ionisation. Appliquée de façon appropriée, cette méthode permet d'introduire des vibrations curatives d'un élément chimique directement dans l'organe atteint;

ceci sans toucher aucun autre organe et fatiguer ainsi l'appareil digestif ou les voies sanguines. Dans les "Premiers Pas" j'avais donné un exemple de traitement de ce genre. Je ne puis pas m'étendre davantage sur ce mode de traitement très intéressant car le but principal de ce livre est le cancer, pour lequel l'ionisation ne donne pas de résultat appréciable.

Le cancer représente un terrible fléau, dont l'étude est poursuivie dans le monde entier par nombre de savants et dont on n'a pas trouvé encore de traitement efficace. Ce mal terrible qui semble progresser avec les progrès de notre civilisation peut être maîtrisé au moyen des radiations des formes.

Dans la seconde partie de ce livre je vais exposer en détail les procédés qui m'ont donné des résultats satisfaisants, réalisant soit des guérisons totales ou tout au moins, dans les cas très avancés, l'apaisement des douleurs permettant au patient une mort tranquille due à l'affaiblissement général de l'organisme. De nombreux témoignages de patients guéris constituent la preuve incontestable de ce que j'avance.

Dans la première partie de ce livre j'expose les différentes vibrations obtenues par des formes. Je parle en outre des substances qui émettent naturellement des faisceaux de vibrations radiesthésiques tout comme il existe des substances dites radioactives. J'explique la façon dont on peut filtrer ces rayonnements afin d'obtenir une vibration de "couleur" pure. Enfin j'expose les procédés permettant de rendre une substance qui est naturellement inactive (p.e. l'eau) radiesthésiquement rayonnante, et par contre la façon de décharger un objet trop fortement rayonnant.

Tout ceci a pu être obtenu après de longues et minutieuses études et de nombreuses expériences, ainsi qu'en puisant dans des documents qui nous parviennent des temps anciens. Un demi siècle d'études des civilisations antiques me permirent de faire certaines découvertes qui posèrent une base solide à mes expériences en m'orientant dans la voie des anciens initiés.

Pour rendre mes procédés plus compréhensibles, il me faudra exposer certains de leurs principes, mais je tâcherai de le faire d'une manière facile à comprendre même par ceux qui ne sont pas familiarisés avec l'enseignement des sages d'il y a des milliers d'années.

La seconde partie de ce livre est consacrée exclusivement au cancer. J'y présente un bref aperçu des diverses théories émises à ce sujet par des savants de notre époque ainsi que des procédés quasi curatifs employés par la médecine comtemporaine.

Mon travail de ces dernières années étant consacré surtout à l'étude du cancer, j'expose le système que j'applique et qui m'a donné satisfaction. Je crois être sur le bon chemin. J'espère que ceux qui comprendront les principes exposés ici voudront poursuivre mes expériences et arriveront à maîtriser ce fléau qui fait tant de ravages. Chaque nouveau cas permet de faire de nouvelles observations et de perfectionner ma méthode. Ç'est dans ce but que je mets à leur disposition le résultat de mes recherches.

PREMIÈRE PARTIE

LES OBJETS RADIANTS

CHAPITRE I.

LES PRINCIPES

Jusqu'au XIXème siècle la théorie moléculaire était généralement acceptée. On considérait que toute matière était composée de molécules: petites briques jointes l'une à l'autre dans différentes combinaisons pour créer la diversité des formes matérielles. Puis vint la théorie atomique qui ne présente la matière constituée de petits systèmes solaires avec un noyau central autour duquel circulent des satellites minuscules. La différence entre les éléments provient, selon cette théorie, du nombre de satellites voguant autour du noyau. C'est la Table de Mendeleeff qui est à la base du système atomique. On découvrit que les *ions* et les *électrons* sont chargés électriquement et que leurs charges sont de polarité opposée; ce qui fait que chaque atome est comme une petite pile radiant une faible vibration électrique. Il existe dans l'atome encore un troisième élément: le *neutron*, dont le nom même indique sa nature neutre, c'est-à-dire: ni positif ni négatif. (Rappelons-nous le principe-base de la Création enseigné par toutes les écoles de l'antiquité: Principe positif, Principe négatif et Principe équilibrant). La polarité opposée des éléments constituant l'atome doit être équilibrée sans quoi les deux opposés se disperseraient et la matière disparaîtrait. En "bombardant" l'atome on s'efforce de changer la nature de l'élément par l'élimination d'un ou de plusieurs satellites du système. Cette idée semble confirmer celle qui obsédait les alchimistes médiévaux, notamment la transmutation.

Les découvertes de la science s'approchent de plus en plus du postulat que la matière proprement dite n'existe pas et que tout ce que nous observons dans le monde physique n'est que le produit du mouvement dans ses combinaisons infiniment différentes.

On se rappelle la théorie d'Aristote qui enseignait que tout a été créé par le mouvement: une ligne est le produit du mouvement d'un point, une figure planimétrique (cercle, triangle, carré etc.) est le produit du mouvement d'une ligne, une forme à trois dimensions en stéréométrie est produite par le mouvement de la figure plane de la seconde dimension. Un savant russe, M. Morossoff, avait proposé une très curieuse théorie à ce sujet. Partant du système d'Aristote et allant plus loin, il expliquait la mystérieuse "quatrième dimension" comme étant aussi une forme de mouvement. Le livre "Tercium organum" de M. Ouspensky est basé sur la théorie de M. Morosoff que cet auteur a développé et essayé de prouver.

Comme on le voit toutes ces théories sont fondées sur deux principes: le mouvement (ou la vibration) et l'équilibre.

L'observation des astres nous montre que ces derniers sont constamment en mouvement, que ce mouvement est spiraliforme: tout un système de satellites circulent autour d'un noyau-soleil. Ces systèmes dans leur ensemble sont précipités dans l'espace et il est possible qu'à leur tour ils exécutent un mouvement en spirale autour d'un plus grand centre et ainsi de suite à l'infini.

Les observations astronomiques et atomiques ont ceci d'attrayant qu'elles semblent prouver que l'Univers entier est gouverné par les mêmes lois pour tout. Ceci confirmerait l'ancien adage: "Quod superius, tot usque inferius" (ce qui est en haut est comme ce qui est en bas). Sir Oliver Lodge avait remarqué la similitude existant entre les lois dirigeant les mouvements des atomes et celles des astres et il nomma la nouvelle science: "astronomie atomique".

Les nébuleuses, qui semblent être le stage de formation d'un nouveau système solaire, présentent des spirales, comme il a été révélé par le télescope. L'équilibre qui maintient ensemble tous ces systèmes innombrables, est basé sur les deux forces opposées: centrifuge et centripète provenant des polarités opposées des noyaux et des satellites, ce qui constitue pour un corps déterminé la force dite de gravité.

Voyons maintenant ce que disent à ce sujet les enseignements des anciennes civilisations.

Les Egyptiens dans leurs textes initiatiques (p.e. Livre des Morts XVII) disent qu'avant la création existait le Nou, ce qui peut être interprété comme "pré-matière" et aussi comme un état de passivité, de non-être. Ce nom était représenté hiéroglyphiquement par une spirale placée *au-dessous de la surface de l'eau*. Le verbe Etre, exister, était écrit au moyen des mêmes signes inversés: la spirale placée *au-dessus de la surface des eaux* Oun.

Ainsi, idéographiquement ce dernier mot représentait

l'apparition d'une manifestation vitale, la vie sortie de l'état de passivité et entrée dans l'état d'activité : la spirale en mouvement.

Il est important de se rappeler que selon l'enseignement des initiés égyptiens, toute vie sort du néant: la lumière jaillit des ténèbres et l'ombre est nécessaire pour constraster la lumière. Moïse avait emprunté cette idée aux Egyptiens, car chaque jour de la création selon la Genèse se termine par les mots: "et ce fut le soir et le matin" .. (Gén. ch. I). Il ne dit pas le matin et le soir, mais bien: "le soir et le matin" en précisant ainsi qu'une manifestation réelle doit sortir du néant, du non-être, semblablement pour qu'un enfant naisse il faut que le travail préparatoire se produise dans l'obscurité de la matrice de sa mère.

Dans mon livre sur les Origines de la Genèse j'ai longuement exposé cette question, je ne m'y arrête donc pas davantage.

Ce que j'ai tenu à faire comprendre c'est que les anciens Egyptiens représentaient une manifestation vitale en forme de spirale.

La question de l'équilibre est traitée par eux ainsi: le nom du Créateur était Tem ou Atoum. Il est dit dans les textes: qu'il était l'Unique, celui qui avait existé toujours, l'Ancien des jours qui n'a eu personne pour le procréer .. Avant l'acte de la création Tem existait "seul dans le Nou", c'est à dire dans un état d'inactivité.

Le premier acte qui déclencha la création fut *le dédoublement de l'unité* de Tem en deux pôles opposés équilibrés l'un envers l'autre. Cette idée est exprimée entre autres par l'épithète de Tem: "Mère-Père" (Mou-Tef). Il est intéressant d'étudier la composition de ce mot. Mout veut dire mère et Tef — père. Pour montrer qu'il s'agit de leur union afin de produire une nouvelle vie — l'enfant, — la lettre T qui termine le mot Mout et commence le mot Tef n'est pas répétée deux fois, mais est commune aux deux mots liés ensemble. (Quand il s'agissait de mère et père pris comme des êtres distincts et non de l'acte de leur union, on écrivait Mout-Tef). Ce qu'il y a de significatif encore c'est que le signe T représente idéographiquement la voûte céleste, le coucher et le lever du soleil (le *soir et le matin* de Moïse) et symboliquement veut dire: l'Equilibre.

Ainsi dans son ensemble ce mot mystérieux veut dire: *L'union équilibrée des deux principes opposés qui engendre une nouvelle vie.*

L'enseignement hébraïque avait exprimé la même idée dans la composition du nom sacré du Créateur: Ieve. Ici les deux principes opposés: positif Iod et négatif He, sont équilibrés par la lettre mystérieuse Vau qui possède une double fonction d'union-séparation. Les deux principes de polarité opposée doivent se *joindre* pour donner naissance à une nouvelle vie (le second He), mais en même temps chacun des principes doit rester individuellement distinct et ne *pas se confondre* l'un dans l'autre. Un livre de la Cabbale hébraïque, "Szifra Dzeniuta" précise l'idée de l'équilibre en ces termes: "La balance est dans l'Ancien des jours", ce qui veut dire que *le principe de l'équilibre est dans le Principe même de toute vie.*

Comme on voit, l'idée de ces deux enseignements est

pratiquement la même et on peut supposer, il me semble, avec raison que ce principe fut emprunté par Moïse à l'enseignement héliopolitain, étant donné qu'il le considérait d'importance primordiale.

Nous trouvons l'écho du même dogme à l'autre bout du monde, notamment dans l'enseignement chinois, presque contemporain de celui d'Egypte.

L'image mystérieuse de l'Yn-Yang représente graphiquement deux spirales entrelacées, l'une blanche et l'autre noire, symbolisant les principes opposés: positif-négatif, masculin-féminin, lumière-ténèbres etc.

Le principe équilibrant de la Cabbale hébraïque — Vau et celui des Egyptiens — T est traduit par les Chinois par le mot Tao — l'Absolu, la cause primordiale de toute existence, le Un qui contient en potentiel Tou (comme le Tem — Tout des Egyptiens).

Afin de représenter idéographiquement le Tao les Chinois entouraient le Yn-Yang d'un cercle et appelaient l'ensemble de cette figure le T'ai-Kih. Cette nouvelle figure montre que l'équilibre établi entre les deux opposés: le Yn et le Yang, est fixé d'une façon définitive par le cercle encadrant la figure.

Le T'ai-Kih est ainsi la répétition exacte de l'idée que les hébreux rendaient par Iod-He-Vau et les Egyptiens par Tem Mou-Tef et exprime le ternaire de vie qui est à la base de toute manifestation (positif-négatif-équilibre).

L'étude comparée des anciens enseignements, provenant de cultures n'ayant à première vue rien de commun entre elles, montre clairement que toutes découlent d'une même et unique source, car nous trouvons partout les mêmes principes revêtus seulement de différentes formes.

Je m'excuse auprès du lecteur de cette digression qui peut sembler à première vue n'avoir rien de commun avec l'objet du présent ouvrage. Mais cette opinion serait erronée, si le lecteur ne se rendait compte par la suite que cette incursion dans l'antiquité était à la fois logique et indispensable. Du reste je tiens à souligner que je ne prétends pas être un radiesthésiste, dans le sens propre du mot. Le peu que je connais est puisé dans mes études touchant les enseignements des anciens initiés et que je poursuis depuis un demi siècle.

La science contemporaine trouve des preuves matérielles confirmant l'enseignement des anciens, en observant au microscope la cellule vivante. La vie de la cellule est caractérisée par son sectionnement (dédoublement). Ce qui différencie une cellule morte d'une vivante, c'est précisément le fait que cette dernière est constamment en état de division en deux. C'est bien la reproduction réelle du principe énoncé par les initiés égyptiens: *le début de la vie fut l'acte de dédoublement de l'unité primordiale en deux principes opposés équilibrés* l'un par rapport à l'autre. J'aurais pu m'étendre bien davantage sur ce sujet passionnant, mais je ne voudrais pas fatiguer le lecteur, et il me semble que ce qui a été dit suffit pour établir les principes essentiels de toute manifestation vitale.

Passons maintenant au sujet ayant un rapport direct avec le but de ce livre, notamment à l'application pratique des principes énoncés.

Il a été dit dans les "Premiers Pas" que la santé d'une

personne représente un état d'équilibre et qu'une maladie est un déséquilibre entre vibrations disharmonieuses, dues à un microbe, ou bien à un état d'affaiblissement ou de dérangement des fonctions d'un organe. Un traitement consiste à rétablir l'équilibre normal des vibrations cellulaires, ou bien à créer un nouveau point d'équilibre en prenant en considération les vibrations que le sujet reçoit de l'extérieur.

Voici quelques expériences et observations que chacun peut reproduire facilement et qui prouvent que le rayonnement d'un objet provient du mouvement auquel il est soumis.

Prenez p.e. un verre d'eau tirée du robinet. En l'auscultant au moyen du P.U. vous trouverez qu'elle répond à une couleur quelconque et à aucune autre. Dans beaucoup de pays, afin de lutter contre les maladies, on introduit dans les conduites d'eau des produits chimiques, p.e. du chlore. Ceci fait perdre à l'eau sa "couleur" naturelle et j'ai trouvé qu'elle répond au Noir, si elle est froide. Si vous chauffez l'eau dans votre verre, vous la verrez changer de "couleur" avec l'augmentation de température et répondre au cours du chauffage l'une après l'autre à toutes les "couleurs" du spectre pour arriver, lorsqu'elle est à ébullition, à répondre au "Blanc". Ce qu'il y a d'étrange en ceci et qui semble s'opposer aux lois de la physique, c'est que l'Infra-Rouge (qui est à côté du Noir) soit le rayonnement de l'eau froide — et l'Ultra-Violet (à coté du Blanc) celui de l'eau chaude, alors que nous savons par la physique que l'Infra-Rouge est la vibration calorique. Notons cette particularité des lois radiesthésiques.

Deuxième expérience. Prenez un verre d'eau froide

dans la main et faites-lui exécuter un mouvement giratoire de 20-30 tours dans le sens des aiguilles d'une montre. (Vous pouvez obtenir le même résultat en plaçant le verre sur le plateau d'un gramophone et en le faisant tourner mécaniquement.) Ce qui importe c'est le mouvement giratoire et non votre effort personnel.

Essayez maintenant ce que l'eau donne comme "couleur" au P.U. et vous trouverez qu'elle répond à toutes les couleurs (sauf le vert Négatif). Ainsi le mouvement giratoire en sens direct a chargé l'eau, aussi bien que le verre qui la contenait, de toutes les couleurs du spectre.

Pour décharger cette eau il suffit de lui faire subir le même nombre de tours en sens inverse (sens inverse des aiguilles d'une montre).

Que peut-on déduire de cette expérience ? C'est que le mouvement giratoire en sens direct est pour ainsi dire "créateur" et que la giration en sens opposé est "destructrice". Ceci explique les réactions du pendule et prouve que la définition des girations directe et indirecte n'est pas arbitraire, mais au contraire bien fondée et correspondant au principe même de la vie.

Il est intéressant de noter que l'eau de pluie répond naturellement à toutes les couleurs au P.U. et ceci prouve que l'eau de pluie est pour ainsi dire "vivante" et que l'eau du robinet a perdu sa vitalité.

L'eau de pluie a été soumise aux forces de la nature qui lui ont fait exécuter un tourbillon dans son cycle d'évaporation, de roulement dans les nuages jusqu'à ce qu'elle retombe sur la terre.

On peut faire la même observation au sujet du sable très fin provenant de certaines dunes. Il est façonné par le mouvement que les vents lui ont fait exécuter pendant des milliers d'années. Au microscope les grains de ce sable présentent des sphères minuscules presque parfaites formés par le frottement continuel de l'un contre l'autre. Je reparlerai de ce sable actif dans un chapitre suivant où j'expliquerai la façon de s'en servir dans un but curatif.

Revenons à notre verre d'eau.

Si au lieu de lui donner un mouvement giratoire on le fait balancer un certain temps, toujours dans le même sens, en le tenant dans la main librement et sans effort musculaire, on constatera que le P.U. reproduit exactement le même balancement dans le même sens.

Ainsi au moyen du pendule on peut reconnaître le mouvement auquel avait été soumis un objet. Mais si on secoue un verre de haut en bas, en y appliquant de ce fait un effort musculaire, on constatera que le contenu se charge de la couleur individuelle de l'expérimentateur.

Ceci peut avoir de l'importance en thérapeutique. Très souvent il est marqué sur une bouteille de médicament: "secouer avant usage". Supposez que vous donniez un médicament à un malade qui souffre d'un excès de rayonnement positif et que vous soyez p.e. de couleur rouge vous-même. En suivant la prescription et en secouant la bouteille vous la chargez de votre couleur et de ce fait vous lui communiquez des vibrations rouges, nocives pour le patient.

Voici encore une observation qui n'est pas dépourvue d'intérêt.

Si vous ajoutez à l'eau, qui répondait à toutes les couleurs, une goutte d'alcool, ou une pincée de sel ou autre substance, vous observerez immédiatement que le verre a cessé de rayonner les couleurs, comme auparavant. Par contre c'est toute la table sur laquelle il était placé qui répond à toutes les couleurs du spectre, mais ce rayonnement commence à une dizaine de cm. environ du verre.

Je ne puis donner d'explication à ce phénomène, que chacun peut observer en reproduisant l'expérience décrite.

Ce qui est intéressant et important à savoir, c'est qu'une chose qui semble insignifiante peut troubler un effet radiesthésique et fausser les observations.

Voici encore quelques exemples d'influences imprévues qui peuvent embrouiller l'expérimentateur:

Comme le lecteur sait, chaque objet émet une radiation (couleur) individuelle qui le caractérise, mais cette radiation est pour la plupart des objets assez faible.

Prenons deux objets identiques, p.e. deux cylindres en bois exactement pareils, taillés dans la même pièce de bois. L'un et l'autre répondront à la même couleur. Plaçons-les en ligne du méridien N-S à une vingtaine de cm. l'un de l'autre. Instantanément le cylindre se trouvant au Nord résonnera à toutes les couleurs du spectre, tandis que celui qui se trouve au Sud perdra sa couleur individuelle. Mais si les cylindres ne sont pas exactement alignés N-S on n'observera aucun effet particulier et tous les deux continueront à répondre uniquement à leur couleur individuelle.

Prenons maintenant l'un de ces cylindres (l'autre ayant

été mis de côté) et posons-le sur une petite élévation (p.e. sur une boîte d'allumettes). Immédiatement il résonnera à toutes les couleurs du spectre.

Je ne puis donner non plus d'explications à ces phénomènes, mais j'ai tenu à les signaler afin de montrer à quel point des choses qui ne semblent avoir aucune importance influencent le fonctionnement du pendule et peuvent induire l'expérimentateur en erreur dans son diagnostic, s'il n'en tient pas compte.

La même observation concerne les instruments de mesure tels que p.e. le biomètre. Une chose insignifiante comme p.e. une fenêtre ouverte ou une porte entrebâillée *se trouvant dans la ligne du biomètre* peut influencer les mensurations et fausser les déductions basées sur elles.

Ainsi afin d'obtenir des résultats avec le maximum de chances de résussite, il faut travailler toujours dans les mêmes conditions: même orientation de la table de travail (de préférence N-S), la face de l'opérateur vers l'O. Il ne faut pas qu'il y ait sur la table des objets radiants et surtout des objets en métal qui pourraient fausser les déductions par leurs radiations combinées. Il faut que les tiroirs de la table soient bien fermés et non entr'ouverts (ce qui crée des cavités ayant de fortes radiations particulières). La source de lumière doit être toujours du même côté et de la même intensité. L'appareil de mesure doit être placé bien horizontalement, les mensurations semblent "glisser" le long de la pente de l'instrument soit en augmentant, ou bien en diminuant le chiffre marqué par le balancement du pendule.

Encore quelques observations avant de terminer ce chapitre.

Un aimant rayonne de son pôle Nord l'Ultra-Violet. Il faut se rappeler que tout objet allongé de n'importe quelle matière (bois, verre, pierre ou métal) est polarisé (très faiblement) de la même façon qu'un aimant et que son pôle Nord répond également à l'Ultra-Violet. Ceci confirme encore une fois l'observation de Rochas qui considérait tout être et tout objet comme ayant une double polarité. Dans l'homme, d'après lui, c'est le côté gauche qui serait positif (rouge) et le coté droit négatif (bleu).

Si on coupe un aimant ou un objet quelconque en deux, chaque moitié aura à un bout son pôle nord et à l'autre son pôle sud et si on poursuit le sectionnement ceci se reproduira à l'infini.

Tout ceci peut être et doit être vérifié par l'expérimentateur qui, une fois entraîné et devenu sensible à la réaction de faibles radiations, ne manquera pas de se rendre compte de la justesse de ce que j'avance.

Encore une dernière remarque: les rayons radiesthésiques sont régis par certaines lois de lumière. Ils sont p.e. réfléchis par une surface qu'ils rencontrent sur leur chemin et ils sont réfractés par un prisme. La différence avec la lumière consiste dans le fait que la surface qui les réfléchit ne doit pas être nécessairement un miroir — un mur ordinaire produit exactement le même effet et l'angle de réflection est le même que celui sous lequel le rayon tombe sur le mur. Le prisme non plus ne doit pas être en verre ou en cristal: il peut être en n'importe quelle matière opaque: bois, pierre, métal etc.

Il faut donc prendre en considération toutes ces possibilités et savoir les éliminer afin que le travail radiesthésique donne des résultats précis, dépourvus de toute influence parasitaire.

CHAPITRE II.

LES MESURES

Le pendule et la baguette exécutent certains mouvements indépendants de la volonté de l'opérateur et sans aucun effort musculaire de sa part. C'est là est un fait incontestable que chacun peut contrôler. Ces mouvements sont le résultat de la résonnance de l'appareil (pendule ou baguette) qui répond aux vibrations qu'il reçoit d'un objet ou d'un être vivant. Pour se rendre compte de la résonnance du pendule il suffit de l'approcher des pôles d'un aimant. Sous l'influence d'un des pôles il commencera à girer et au-dessus de l'autre il balancera. Cette expérience est connue et proposée au débutant par tous les cours de radiesthésie. Mais il y a une autre façon de contrôler les mouvements pendulaires qui me semble plus frappante et qu'on obtient avec le P.U.

Réglez le P.U. sur n'importe quelle couleur, puis lancez-le en giration. Il girera un certain temps, mû par la force d'inertie, ses girations s'atténueront petit à petit et enfin il s'arrêtera.

Répétez l'expérience en lançant votre pendule en giration au-dessus d'un objet quelconque. Si la couleur sur laquelle est réglé le pendule n'est pas celle qui est émise par le dit objet, la giration s'arrêtera comme si le pendule était freiné par une force d'inertie. Mais dès que vous réglez le pendule à la couleur de l'objet sa giration deviendra continuelle et ne s'arrêtera pas.

Le freinage que le pendule reçoit d'un objet qui n'est pas résonnant avec son réglage est très net et chacun, même le novice, peut le sentir dans sa main.

Il existe différentes théories pour expliquer les causes des mouvements pendulaires. Je ne prétends pas en donner une ni pouvoir expliquer les causes de ces mouvements. Voici quelques observations qui peuvent donner des idées, et sont aisément vérifiables.

Si en tenant votre pendule au-dessus d'un objet (réglé à sa couleur) vous appuyez votre main libre sur une canne, dont le bout touche le sol, vous observerez que le mouvement du pendule devient plus fort et plus net. On peut déduire de ceci, il me semble, que c'est du sol que vient la force qui agit sur le pendule.

La présence à proximité du pendule de certains objets peut renforcer ou freiner ses mouvements. Par exemple l'extrémité nord d'un aimant en barre, ou bien une pointe dirigée sur le pendule troublent ses girations.

Je me suis arrêté sur la question des rayonnements de diverses combinaisons d'objets dans le chapitre précédent et je pense que ce sont précisément ces combinaisons, parfois imprévues et dont on ne se rend pas compte, qui sont souvent la cause des insuccès et déceptions que tout radiesthésiste rencontre au cours de son travail.

Dans les "Premiers Pas" j'avais dit qu'il fallait de temps en temps "décharger" le pendule pour le nettoyer des effets de rémanance. Il y a plus que cela encore: la ficelle de suspension du pendule semble accumuler au cours du travail des vibrations parasitaires qui faussent la précision des réactions pendulaires. Pour nettoyer pour ainsi dire la ficelle il suffit de la frotter légèrement deux ou trois fois en allant de bas en haut avec une lame ou un crayon. Vous remarquerez immédiatement que les mouvements du pendule redeviennent nets et précis.

J'avais donné dans les "Premiers Pas" quelques notions de séries de girations et de balancements. Beaucoup de radiesthésistes basent leurs déductions principalement sur ces séries qui, d'après eux, caractérisent un métal ou autre élément. Des listes allant jusqu'à donner des chiffres de séries pour tous les éléments de la table de Mendeleeff ont été établies mais ... le malheur est que les as de la radiesthésie ne purent s'entendre sur les chiffres de séries et leurs tables diffèrent très sensiblement l'une de l'autre. Ils s'entendent plus ou moins pour l'eau, mais pour le reste chacun propose son chiffre de série qui n'est pas le même pour tous. Il me semble donc que toutes ces tables sont très personnelles et ne peuvent pas servir à l'usage général. Je suis prêt à croire que celui qui a composé sa propre table de chiffres y trouve des réponses exactes, mais seulement pour lui-même.

Je passe donc outre à cette question si attrayante de l'établissement d'une table standard de réaction pendulaire par rapport à différents éléments. Il est encore trop tôt pour pouvoir standardiser cette question et en déduire une loi.

Voyons maintenant quels instruments de mesure peuvent être utiles dans les recherches radiesthésiques en aidant à comparer des phénomènes observés (p.e. pour pouvoir juger du progrès d'un traitement).

Il existe sur le "marché radiesthésique" un grand nombre d'appareils, mais je ne vais décrire ici que les plus simples et ceux qui me semblent être les meilleurs.

Cependant tout d'abord l'on se demandera quel rapport la radiesthésie peut-elle avoir avec des mesures ?

Voici: le mouvement du pendule est un fait incontestable, mais ce mouvement peut être plus ou moins précis, plus ou moins fort. Un opérateur expérimenté apprend à la longue à comprendre son pendule et à interpréter ses mouvements. Il sait par exemple qu'un sujet vigoureux et en parfaite santé conmunique au pendule une giration nette et précise. Un organe malade se traduit par un balancement plus ou moins fort. Mais entre l'état de santé parfaite et la maladie il existe nombre d'états intermédiaires. Bien qu'il n'y ait pas de maladie proprement dite, le sujet peut se sentir affaibli, sans énergie. Le radiesthésiste expérimenté se rendra compte de cet état d'après les réactions plus ou moins fortes de son pendule. P. ex. au lieu d'exécuter des cercles en girant, le pendule fera des ovales, comme s'il hésitait entre la giration et le balancement. Le radiesthésiste pourra déduire de ces mouvements pendulaires que le sujet n'est pas dans un état de parfait équilibre, mais c'est tout.

Depuis longtemps l'idée était venue de créer un instrument au moyen duquel on aurait pu interpréter les diverses intensités des mouvements pendulaires afin que le résultat obtenu ne soit pas arbitraire, basé exclusivement sur la plus ou moins grande sensibilité de l'opérateur, mais que le résultat des observations puisse être traduit en chiffres.

Le premier à résoudre cette question fut M. Bovis qui créa un appareil qu'il appela Biomètre. Son idée fut généralement acceptée par tous les expérimentateurs sérieux et différents de biomètres furent proposés par les radiesthésistes. Chacun vantait son appareil dont il exposait les qualités de précision toute particulière.

La partie essentielle d'un biomètre consiste en une règle divisée en centimètres. Les modèles proposés diffèrent par la longueur de la règle et surtout par "l'amplificateur" d'ondes placé au point Zéro de la règle. Ces amplificateurs consistent soit en une matière dite radioactive

Fig. 1

soit en un aimant en fer à cheval, ou encore un Yn-Yang réglable sur différentes couleurs du spectre.

Il est difficile de dire lequel de tous ces biomètres est le meilleur. On peut se servir et obtenir des résultats satisfaisants avec tous. L'essentiel est de s'entraîner et de s'habituer à interpréter les chiffres obtenus au moyen de l'appareil qu'on possède.

Mes expériences m'ont prouvé que tous ces amplificateurs, dont les inventeurs vantent l'efficacité et qui nécessairement augmentent le prix de l'appareil, sont inutiles. Il suffit d'avoir une règle en bois d'environ 50 cm. de longueur et de $2^1/_2$ cm. de largeur divisée en centimètres dont chaque centimètre représente cinq unités biométriques. Une extrémité de la règle est un carré ($2^1/_2$ sur $2^1/_2$ cm.) peint en noir, ce carré sert d'emplacement pour le produit qu'on veut mesurer. Les chiffres marqués sur la règle partent du carré (0-5-10 etc.) Chaque cm. correspond à 5 unités biométriques.

Les dimensions que j'ai données pour la règle ne sont pas absolues; elle peut être plus courte ou plus longue, mais il y a certains rapports entre la longueur et la largeur qui ont une importance: une règle plus courte doit être plus large et le contraire pour une règle plus longue. Aussi les chiffres obtenus sur des biomètres de différentes longueurs seront différents. C'est pour cette raison qu'afin de pouvoir comparer les chiffres biométriques et en tirer des conclusions, il faut se servir *toujours du même biomètre.*

Pour confectionner une règle susceptible de servir de biomètre, il est important d'observer qu'elle doit avoir une ligne médiane sur laquelle sont marquées les divisions. Une règle ordinaire, qu'on trouve dans le commerce, ne peut pas être utilisée étant donné que les divisions sont marquées le long du bord de la règle. Je ne puis pas expliquer la raison de cette particularité, je pense que cela provient du fait qu'étant écartées de la ligne médiane, les marques rendent la règle non symétrique, ce qui influence le fonctionnement des vibrations radiesthésiques. Le lecteur se rappelle qu'une des lois de base de la radiesthésie est la symétrie. Toute figure asymétrique produit un effet qui bouleverse le fonctionnement normal du pendule.

Ceci n'est qu'une supposition et je ne prétends pas

que cette explication soit définitive.

Passons maintenant à la façon de se servir de la règle biométrique.

Vous placez la règle sur votre table de travail le long du méridien, le carré noir à votre gauche (au Sud). Sur le carré vous disposez l'objet que vous voulez analyser. Prenons comme exemple une chose simple: un objet en or. Réglons notre P.U. à la couleur de l'or qui est l'orange, et amenons-le au-dessus du point Zéro de la règle. Il se mettra à girer en sens direct. Lentement nous déplaçons la main avec le pendule le long de la règle. A un certain moment la giration s'arrêtera et le pendule ballancera en travers de la règle. Notons le chiffre marqué à ce point sur la règle. Ce sera p. ex. 65. L'interprétation sera qu'il y a 65% d'or dans l'objet. Qu'y a-t-il encore dans l'alliage ? On peut supposer que c'est du cuivre. Réglons le pendule à la couleur du cuivre (jaune) et recommençons notre investigation à partir de zéro. La giration s'arrêtera et le balancement se fera au chiffre 30 indiquant que l'objet contient 30% de cuivre. 65 plus 30=95, il y a donc encore 5% de métal quelconque dans l'alliage, qu'on peut déterminer en réglant le pendule sur différentes couleurs correspondant à différents métaux.

Il est possible d'analyser de la même façon, au moyen du biomètre, toute combinaison chimique ou autre et établir avec précision les éléments et leurs proportions dans une combinaison.

Dans le diagnostic le biomètre rend également des services inestimables: il indique la vitalité du sujet, le fonctionnement régulier ou affaibli d'un organe, et tout ceci peut être obtenu grâce au biomètre en chiffres précis et comparatifs.

Quand on poursuit un traitement il est indispensable de marquer journellement les données biométriques qui indiquent s'il y a amélioration ou aggravation de l'état du malade. En outre, grâce au biomètre on peut vérifier un médicament et juger de son effet sur le malade. Si le chiffre biométrique tombe, le médicament est nuisible et ne convient pas à l'individualité du patient; si le balancement reste sans changement sur le même chiffre, le médicament est sans effet néfaste et peut être employé sans crainte. (Pour se rendre compte si le médicament agit dans ce cas d'une façon curative par rapport au mal, on emploie l'appareil du Dr. Naret, dont il sera question plus loin.) Si enfin le chiffre biométrique augmente, le médicament est nettement bon pour le malade. Il reste donc à définir la dose qui convient, ce qui peut être fait tant au moyen du biomètre qu'en se servant des appareils du Dr. Naret.

Pour résumer, on peut dire que tout biomètre de n'importe quel système est basé sur les mesures de longueur et que les chiffres qu'on obtient donnent une sorte de pourcentage par rapport à l'unité (qui est le chiffre 100) dans les analyses de compositions chimiques ou alliages de métaux. Appliqués à la thérapeutique, les chiffres biométriques donnent des indications sur l'état de santé du patient par rapport à son état normal. Le chiffre d'état normal varie en rapport avec l'individualité de la personne et son âge. C'est toujours dans les environs de 100 qu'on le trouve, mais p.e. pour un enfant en très bonne santé il sera ordinairement vers 105, tandis que pour un vieillard il tombera jusqu'à 80 et même moins. Ainsi il faut juger chaque cas individuellement: un enfant dont le chiffre biométrique est descendu à 80 présente un état alarmant, tandis que le même chiffre pour une personne âgée est souvent naturel et signifie un état de santé satisfaisant.

Outre les mesures de longueur qu'on obtient au moyen du biomètre on peut aussi obtenir des mesures angulaires qui aident à préciser le diagnostic. Les meilleurs appareils servant à ce but sont incontestablement ceux du Dr Naret.

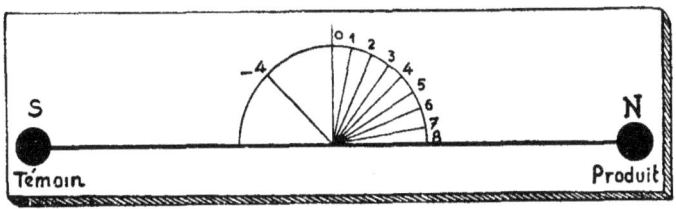

Fig. 2

L'inventeur donne leur description ainsi que leur mode d'emploi dans son livre, que je recommande à tout radiesthésiste s'intéressant à la thérapeutique. Je ne vais donc donner ici qu'un court aperçu, pour en exposer le principe.

Comme je l'avais mentionné dans les "Premiers Pas", pour comparer deux objets il suffit de les disposer à une certaine distance l'un de l'autre (environ 30 cm.) Si les objets sont de la même nature, le pendule girera quand il est amené au-dessus de la ligne imaginaire les réunissant.

Un des appareils du Dr. Naret présente une planchette allongée d'environ 35 cm. Au centre est dessinée une demi-circonférence, une ligne passant par le centre se termine à chaque bout par un rond peint en noir. Celui de droite est marqué Nord et celui de gauche Sud, ce qui indique l'orientation de la planchette le long du méridien. L'opérateur est assis face au coucher. Sur l'emplacement Sud on dispose le Témoin qu'on veut ausculter, et sur l'emplacement Nord le produit. Ce dernier peut être soit un nosode, soit le médicament qu'on veut vérifier. Une ligne perpendiculaire à celle unissant le N-S partant du centre du demi cercle le coupe en deux parties égales. Le segment N-O est divisé par des rayons en 8 sections égales marquées de I a 8. Le nombre 8 tombe sur la ligne N-S. La partie S-O du segment est divisée en 2 parties égales par un seul rayon à 45° d'inclinaison.

Si on dispose sur les deux emplacements (N et S) deux objets de nature identique (p.e. deux témoins de la même personne), le pendule amené au-dessus du centre de la demi-circonférence balancera le long de la ligne N-S, indiquant qu'il y a parfaite concordance entre ces deux objets.

Si on place le témoin au point S et un nosode au point N, le pendule indiquera par son mouvement si la personne souffre du mal supposé et aussi l'intensité de l'affection. On peut s'en rendre compte en observant l'angle de déclinaison du balancement pendulaire. Si le mal est très prononcé et a envahi entièrement le malade, le pendule balancera le long de la ligne N-S (comme dans le cas de deux produits identiques). Si au contraire il s'agit de commencement d'une affection, il balancera le long d'un des rayons marqués 1, 2, 3 ... La déclinaison angulaire indique l'intensité du mal, selon qu'elle est plus ou moins grande.

L'efficacité d'un médicament ou d'une radiation radiesthésique peut être également jugée d'après l'angle de balancement du pendule: un médicament (placé à l'emplacement N contre le témoin toujours au S) qui fait du bien au patient ramène le balancement pendulaire sur la ligne perpendiculaire (E-O).

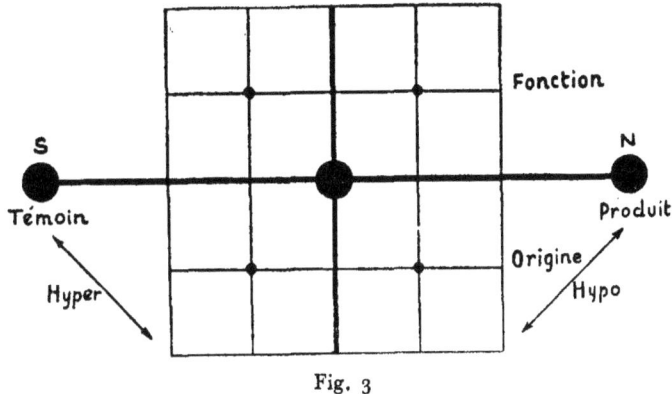

Fig. 3

Un autre appareil du Dr. Naret, dont l'idée est à peu près la même, est constitué par une planchette carrée divisée en quatre parties égales par deux lignes perpendiculaires se croisant au centre du carré principal et constituant quatre petits carrés. Le point central de chaque petit carré est marqué par un point noir. Une des lignes sectionnant le carré principal est prolongée en dehors d'environ 10 cm. de chaque côté du carré. A chaque bout de cette ligne se trouve un emplacement peint en noir, comme dans la planchette déjà décrite. Un de ces emplacements est marqué N et l'autre S, et l'appareil doit être orienté d'après le méridien comme le précédent. On place le Témoin à l'emplacement S et le nosode ou le médicament à l'emplacement N. On amène le pendule, réglé à la couleur individuelle du témoin, au-dessus du centre du carré. L'état de santé est interprété par le balancement du pendule: le long de la ligne perpendiculaire à la ligne N-S, état parfait; déclinaison vers le N (à droite), Hyperplasie; déclinaison vers le S (à gauche), Hypoplasie.

Les divisions du carré principal aident à préciser un mal: les déviations du pendule dans le carré d'en haut (Ouest) indiquent des troubles fonctionnels, tandis que les carrés d'en bas (Est) se rapportent à des dérangements d'origine. On peut p.e. se rendre compte si un organe est manquant par suite d'une opération ou bien s'il est irréparablement dégénéré. Si au lieu de balancer au-dessus du point central du carré N.E. le pendule se met à girer ou bien s'arrête: c'est signe que l'organe qu'on est en train d'ausculter est manquant. A maintes reprises j'ai pu observer cela quand il était question p.e. un sein ou une vésicule biliaire amputés.

Les interprétations des mouvements du pendule pour la planchette carrée sont à peu près les mêmes que celles décrites pour l'appareil précédent.

La planchette carrée est très utile p.e. pour établir un

régime diététique individuel, ou bien le dosage correct d'un médicament. Le témoin et le produit à étudier sont placés respectivement aux emplacements S et N; les déclinaisons du pendule à droite ou à gauche indiquent si le produit est Hypo ou bien Hyper pour le patient.

Pour le dosage d'un médicament on procède ainsi. S'il s'agit de gouttes, on met sur l'emplacement N un récipient dans lequel on compte goutte par goutte le médicament à contrôler. Dès que le pendule arrive à balancer le long de la ligne E-O, c'est l'indication que la dose est suffisante. Si on dépasse la dose, le balancement du pendule s'incline à gauche de la ligne médiane, c'est à dire vers le S-O.

Il me semble que ces quelques explications suffisent pour donner une idée de l'emploi des appareils du Dr. Naret. Pour plus de détails je renvoie le lecteur à l'ouvrage du Dr. Naret déjà mentionné.

J'ai trouvé que le meilleur pendule pour les travaux tant sur le biomètre que sur les appareils Naret, est le pendule universel à cône ajustable de MM. Chaumery et Bélizal, qu'on règle sur la couleur individuelle du patient. La pointe qui termine ce pendule permet d'obtenir des indications très nettes, marquant avec présision les plus petits écarts d'un côté ou d'un autre. Un pendule sphérique, même très petit, ne peut jamais donner de résultats aussi précis.

CHAPITRE III.

Les radiations radiesthésiques ne sont pas d'ordre électromagnétique.

Il y a environ 100 ans que le baron Reichenbach fit la découverte de radiations qu'il dénomma O-D. On peut considérer cette découverte comme la première pierre posée dans la fondation de la nouvelle science qu'on appelle maintenant radiesthésie. Les expériences du Col. de Rochas sont la continuation de celles de Reichenbach. Tous deux ont prouvé l'existence de rayonnements émis autant par les êtres vivants que par les objets inanimés. Ces radiations sont polarisées, c'est-à-dire positives ou négatives[1]. Reichenbach aussi bien que de Rochas se servaient pour leurs expériences de sujets sensitifs qui, étant mis dans l'état de réceptivité, voyaient les radiations comme une sorte de luminosité, rouge pour le positif et bleu pour le négatif.

Chaque pôle d'un aimant émet la radiation correspondant à sa polarité. Le corps de l'homme est positif (rouge) pour le côté gauche et négatif (bleu) pour le côté droit. Pour la femme c'est l'inverse.

Un déséquilibre ou une maladie se traduisait, d'après

---

(1) Les cristaux et les êtres organisés vivants présentent comme les aimants une polarité très nette.

eux, par une défaillance soit de l'élément positif soit de l'élément négatif. On parvenait à rétablir l'équilibre en renforçant l'élément défaillant ou en diminuant l'action de celui qui causait le dérangement. Reichenbach comme Rochas considérait la nature de ces rayonnements comme étant distincte de l'électricité et du magnétisme. Reichenbach la dénomma "OD" et Rochas, qui s'était essentiellement attaché à l'étude de ces rayons par rapport au corps humain, les appelait "sensibilité" ou "motricité". Dans une série d'expériences d'un très grand intérêt, il parvint à extérioriser cette force et à en imprégner, pour ainsi dire, certains éléments, pour la plupart des liquides. Je renvoie le lecteur que ce sujet intéresserait aux ouvrages de ces deux savants. Il y trouvera l'exposé détaillé de leurs découvertes.

Cet état de choses demeura au point mort jusqu'à la fin de la première guerre mondiale, et on avait même oublié les découvertes de Reichenbach et de Rochas. C'est grâce au développement de la TSF, et stimulé par les nécessités militaires, qu'on s'est mis à étudier sérieusement les radiations et les ondes. On découvrit la possibilité de transmettre les ondes à de grandes distances en se servant d'ondes porteuses, appelées hertziennes, d'après le nom de celui qui les découvrit.

Les vibrations que nous appelons maintenant radiesthésiques purent être étudiées et classées en appliquant, par analogie, certaines lois réglant les ondes de la TSF. Ceux qui travaillaient dans ce domaine se rendirent compte que, quoique obéissant à certaines lois découvertes pour la TSF, les ondes radiesthésiques étaient de nature différente. C'est alors qu'on leur chercha une dénomination afin de les distinguer des ondes électriques.

On proposa différents termes pour définir cette nouvelle science qui venait de naître. Certains l'appelaient "rabdomancie", d'autres "Tellurie" en faisant dériver le nom de la baguette (rabd) ou des radiations émanant du sol. Les Anglais l'appellent "dowsing", mot qui correspond à "sourcier" en français. Mais toutes ces dénominations n'étaient pas satisfaisantes car elles ne définissaient qu'en partie les radiations nouvelles. Il est vrai que c'est la sourcellerie qui donna la première idée de rayons inconnus remontant de la terre. Mais on découvrit très vite que ce n'était pas seulement de l'eau ou de la terre que venaient ces radiations, mais que chaque objet et chaque être rayonnait autour de lui des ondes différentes de celles connues et classées comme électro-magnétiques. C'est alors que fut proposé le nom de Radiesthésie, qui soi-disant définissait ces ondes d'une façon plus générale. Quoique ce nom ne soit pas plus explicatif on l'accepta faute de mieux, en attendant que des expériences plus poussées dévoilent la nature de ces rayons inconnus qui semblent jouer le rôle le plus important dans la vie de l'Univers.

Certains considèrent que ce sont les rayons cosmiques qui sont captés par le pendule. Je ne vais pas exprimer mon opinion à ce sujet car j'avoue que je ne l'ai pas encore formée. La seule chose que je puis confirmer c'est que le rayonnement radiesthésique n'est d'ordre ni électrique, ni magnétique. Ces ondes accompagnent, pour ainsi dire, les courants électriques, comme ils ont quelque chose de commun avec le magnétisme[1].

Dans les "Premiers Pas" j'ai dit qu'on pouvait se servir de la prise électrique à laquelle on ajustait une simple ficelle qui transmettait les rayons radiesthésiques, mais depuis j'ai pu observer, d'après mes expériences personnelles, que non seulement on pouvait se passer de la prise électrique, mais même que la proximité du courant électrique avait une influence plutôt néfaste sur l'onde radiesthésique. Les observations et de nombreuses expériences ont prouvé que le conducteur de ces ondes est nettement différent de celui de l'électricité. Ce qui est un isolant pour l'électricité est un conducteur pour les ondes radiesthésiques et ce qui est un conducteur pour l'électricité est un isolant ou tout au moins un filtre pour les ondes radiesthésiques. En fixant un fil non conducteur à une prise électrique, on obtient des rayonnements radiesthésiques qui passent non par le fil électrique, mais par son isolant. Et ce n'est pas la source du courant électrique qui les engendre, mais elles proviennent directement de la terre. Ainsi il suffit de fixer un fil non métallique au mur et loin d'une prise électrique, pour observer au moyen du biomètre la présence de vibrations radiesthésiques. Ces vibrations répondent simultanément à toutes les couleurs du spectre. Ceci prouve que ces ondes remontent de la terre counduites par la maçonnerie du mur.

---

(1) Cette force (l'OD) a son existence propre, indépendante du magnétisme, bien que celui-ci ne soit jamais affranchi d'une certaine connexité avec l'OD.

Reichenbach: "Recherches Physiques et Physiologiques".

Au contraire, quand on fixe le fil à une prise électrique, on observe que le pendule ordinaire (neutre) exécute quatre mouvements en séries consécutives: giration directe, balancement en travers de la ficelle, giration en sens opposé et balancement le long de la ficelle. Puis la série recommence. La durée totale de la série de ces quatre mouvements est de 1 min. 14 sec. De plus, si on déplace le pendule le long de la ficelle, on trouve que de temps en temps il y a le long de la ficelle des endroits où le pendule arrête son mouvement en série pour balancer en travers. Ces points se répètent tous les 17,5cm. et leur largeur est de 3 cm. Tout ceci montre l'influence du courant électrique, qui crée une sorte d'intermittence dans les ondes radiesthésiques car, quand on fixe la ficelle directement au mur rien de pareil ne se produit, et la ficelle répond régulièrement à toutes les couleurs.

Afin de pouvoir sélectionner une couleur voulue en puisant la force montant de la terre, j'ai imaginé des appareils très simples qui opèrent cette sélection par leurs formes particulières. Je les décris en détail dans le chapitre consacré à la radiation des formes. Ce qui est important, c'est d'isoler ces appareils de la table de travail, car autrement il y aurait fuite de "courant", la table étant elle-même un conducteur. Pour isoler l'appareil il faut donc le placer sur du métal. Mais l'expérience a montré que même un support en métal quelconque n'était pas suffisant, car ce dernier présente un filtre qui laisse passer une seule "couleur", tout en arrêtant les autres. Les différents métaux filtrent des "couleurs" différentes, il est donc nécessaire, afin d'obtenir un isolement parfait, de composer le support de deux métaux différents. On fait p.e. la base en cuivre et le pied en aluminium. On peut juger de l'efficacité d'un appareil bien isolé par le biomètre, qui montre immédiatement un grand renforcement de l'onde sélectionnée et isolée par rapport à celle qui n'est pas isolée.

On voit à ces observations que chacun peut facilement vérifier que les ondes radiesthésiques sont différentes de l'électricité. Et c'est pour cette raison que je considère tout appareil de nature électrique (amplificateur, haut-parleur etc ..) dont se servent certains radiesthésistes comme étant non seulement inutiles, mais nuisibles, car tout courant électrique ne fait que brouiller l'expérimentateur, qui ne peut pas observer les effets des ondes radiesthésiques dans leur pureté.

L'expérience avec la ficelle attachée à la prise électrique montre l'influence que le courant électrique a sur l'onde radiesthésique et prouve que cette influence tend à la brouiller.

En ce qui concerne le magnétisme, j'avais aussi décrit dans les "Premiers Pas" la façon dont on renforce le rayonnement d'une "couleur" au moyen d'un aimant en fer à cheval.

Mes dernières expériences ont prouvé qu'il n'était pas nécessaire de se servir d'un aimant pour obtenir le même résultat. Un objet en forme de fer à cheval de n'importe quelle matière produit exactement le même effet. Ce qui importe, c'est d'abord la forme (en fer à cheval ou en angle ouvert) et secondement la masse. Un fer à cheval, même en bois, produit le même effet qu'un aimant, mais plus faiblement. Mais si l'on fabrique le fer à cheval en matière pesante, la force augmente proportionnellement au poids. Ainsi un fer à cheval en plomb (métal absolument non magnétique) est plus efficace qu'un aimant de la même grandeur. On peut juger d'après le biomètre de l'augmentation de la force du rayonnment radiesthésique avec l'augmentation de la masse du fer à cheval.

On me fera observer que d'éminents radiesthésistes se servent de l'aimant dans des buts curatifs. J'admets la possibilité de l'utilité de l'aimant pour certaines affections, mais ce n'est pas le magnétisme de l'aimant qui agit dans ces cas, mais la "couleur" qu'il émet. J'avais dit que le pôle N. d'un aimant répond toujours à l'Ultra-violet. Donc, si l'affection a besoin de cette couleur pour rétablir l'équilibre, il est évident que l'aimant peut être utile et agira en qualité de remède dans ce cas.

Mais il serait faux de supposer que l'aimant puisse être une sorte de panacée pouvant guérir toutes les maladies.

Et je le répète encore une fois, ce n'est pas le magnétisme de l'aimant qui a un pouvoir radiesthésique mais seulement la couleur individuelle, la masse et la forme particulière en fer à cheval, sur laquelle nous reviendrons dans le chapitre suivant.

CHAPITRE IV.

LES FORMES RADIANTES

Dans les "Premiers Pas", j'ai dit que la radiation d'un objet provient non seulement de sa couleur mais aussi et surtout de sa forme. Comme illustration j'ai donné un exemple de la différence de radiation entre deux pièces de bois taillées du même morceau et différent seulement par leur longueur respective. Le premier livre étant à l'intention du débutant, je n'ai pas voulu approfondir cette question. J'y reviens donc ici et je vais l'exposer en détail.

Chauméry et Belizal, dans leur beau livre, ont donné quelques notions sur le rayonnement de la Pyramide, des statues de l'île de Pâques ainsi que de certains objets trouvés dans les tombeaux égyptiens. Grâce à la mise au point du Pendule Universel ils purent observer la présence d'une radiation mystérieuse qu'ils appelèrent le Vert Negatif parce que sa place sur une sphère est diamétralement opposée au vert du spectre. Je rappelle ici la disposition des couleurs sur une sphère afin que le lecteur puisse suivre avec plus de facilité ce qui suit: Noir, Infra-Rouge, Orange, Jaune, Vert, Bleu, Indigo, Violet, Ultra-Violet, Blanc.

Entre le Noir et le Blanc, au pôle sud de la sphère, se trouve la radiation mystérieuse que Chaumery et

Belizal ont dénommée le Vert Négatif. D'autres radiesthésistes l'appellent le Gris, la considérant comme un mélange du Noir et du Blanc entre lesquels elle se trouve. Je préfère la définition de Chauméry et Belizal, car le Gris ne dépeint cette vibration que du point de vue du mélange de deux couleurs voisines. Ce qui a donné à ces deux chercheurs l'idée de la nommer Vert Négatif est l'observation qu'ils ont faite que le pendule réglé sur le vert tourne sur le Vert Négatif en sens inverse. Je me servirai donc de la dénomination Vert Négatif pour définir cette vibra-

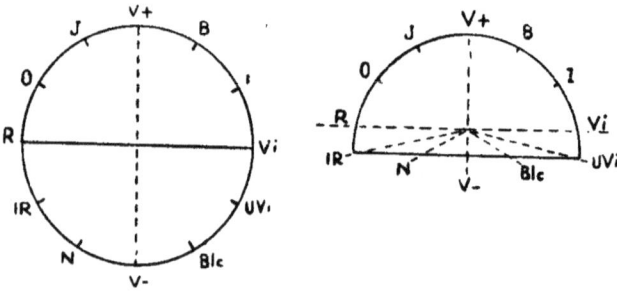

Fig. 4

tion inconnue. En allant plus loin dans leurs recherches, les mêmes investigateurs observèrent que si on coupait la sphère en deux par le plan de l'équateur, il se produirait un phénomène très curieux.

La ligne présentant pour ainsi dire le centre de gravité des couleurs dans la sphère, était l'équateur, dans l'hémisphère cette ligne se déplaçait sensiblement vers le pôle Nord et avec elle, les couleurs rouge et violet qui marquent les deux extrémités du spectre visible. Les couleurs invisibles qui dans la sphère étaient dans l'hémisphère Sud, se disposent sur la partie plate coupant la sphère en deux ; ces couleurs sombres sont ainsi plus écartées l'une de l'autre dans l'hémisphère.

Ceci permet d'obtenir d'un hémisphère renversé un rayon de V-plus net et plus pur, c'est-à-dire sans qu'il soit mêlé à d'autres rayonnements. Le lecteur verra par la suite à quel point ceci est important.

Les mêmes expérimentateurs observèrent en plus que la forme pyramidale donne exactement les mêmes rayonnements qu'un hémisphère renversé, c'est-à-dire qu'on trouve le Vert positif du spectre au sommet de la pyramide et le Vert Négatif au centre de la base écarté des autres rayonnements du spectre invisible.

Poussant leurs expériences plus loin, ils se rendirent compte que beaucoup d'objets employés par les anciens et provenant de différentes parties du globe et d'époques éloignées l'une de l'autre par des milliers d'années, beaucoup d'objets, dis-je, et surtout les objets de culte, émettaient fortement le V-. Tels émetteurs étaient p.e. les statues mystérieuses de l'île de Pâques, l'Yn Yang chinois, les statuettes et divers objets rituels des anciens Egyptiens.

Tout ceci donne l'idée que les anciens non seulement connaissaient l'existence de ce rayonnement, mais savaient comment s'en servir pour des buts définis. Des expériences prouvèrent que la force du rayonnement d'une forme dépend du volume et de la masse de l'objet et aussi du nombre d'objets de formes identiques réunis ensemble et formant comme une batterie d'éléments.

Il a été observé qu'une batterie de quatre éléments donne les meilleurs résultats et peut être employée pour des traitements sans danger. Si on augmente la quantité formant une batterie, le rayonnement devient de plus en plus fort et agit nuisiblement sur un être vivant. Une batterie formée de 9 hémisphères d'environ 10 cm. de diamètre est suffisante pour momifier en quelques heures un morceau de viande ou un poisson soumis à son rayon. Si l'on augmente le nombre d'éléments, le temps nécessaire pour la momification devient plus court.

Je dois faire ici une petite digression afin que le lecteur puisse se rendre compte des raisons qui m'ont indiqué le chemin pour établir une nouvelle forme de traitement inconnu jusqu'à ce jour, et dont il sera question dans la deuxième partie de ce livre. Ce sont mes longues études égyptologiques qui m'en ont donné la première idée.

Dans mon livre sur les Origines de la Genèse, j'ai présenté quelques détails sur la construction de la Grande Pyramide de Guizeh. Dans un autre ouvrage consacré au mystère de la vie et de la mort qui va paraître prochainement, j'en donne beaucoup d'autres. Ici je dois revenir à cette question que j'exposerai d'une façon succincte.

Il y a plus de 500 pyramides en Egypte. Elles sont toutes des monuments mortuaires construits pour contenir des tombes royales.

La signification symbolique du mot pyramide, PR-Ms en langue hiéroglyphique, veut dire "sortir vers la naissance". Cet étrange amas de pierres représentait la première terre sortie en forme de pic de la masse des eaux à la création du monde. Un ancien document de la civilisation du Maya nous montre le pic Aztlan ayant la forme pyramidale sortant de l'eau.

Ainsi la forme même de la pyramide symbolisait la résurrection, la naissance (ou renaissance).

Toutes les pyramides d'Egypte aussi bien que celles de l'Amérique du Sud étaient bâties de la même façon. On construisait d'abord la chambre funéraire avec des passages pour y introduire le cercueil. Ceux-ci étaient taillés dans le rocher sur place ou bien construits en pierres apportées. Puis on amassait au-dessus un tas formé de terre et de rebut, on recouvrait ce monticule de pierres taillées ajustées l'une à l'autre, pour constituer le revêtement extérieur de la pyramide. Après avoir introduit dans la chambre funéraire le cercueil, on scellait le passage par des moyens parfois très ingénieux afin de protéger le tombeau de l'intrusion des voleurs.

J'ai dit que toutes les pyramides étaient bâties ainsi, toutes sauf une. La grande pyramide de Guizeh dont la construction est attribuée à Chéops (Khufu), fut construite d'une toute autre façon. Toutes les pierres dont elle est composée sont taillées et adaptées l'une à l'autre d'une façon parfaite, avec le soin qu'aurait pris un joaillier à tailler une pierre précieuse. Il n'y a pas de remplissage, pas de rebut. De bas en haut c'est un ajustage tel qu'on ne peut pas introduire une lame de couteau dans un joint séparant deux pierres. Je ne vais pas m'arrêter ici sur les données astronomiques qui sont révélées par ce monument merveilleux, car ceci dépasserait le but du présent ouvrage. Ce qui nous intéresse, c'est l'intérieur de l'édifice.

Une galerie en pente de 30 degrés environ dont le plafond est aussi haut que celui d'une cathédrale, mène vers la chambre dite "royale", dans laquelle se trouve un sarcophage en granit ouvert et qui n'a jamais été destiné à servir de cercueil. Un système de ventilation parfaite aère la chambre royale, des conduits d'air ayant été aménagés traversant le corps de la pyramide. Ce seul fait aurait dû suffire pour prouver que cet édifice n'était pas destiné à enterrer un mort, mais bien au contraire, qu'il était fait pour l'usage d'êtres vivants ayant besoin d'air. Par ce qui est resté de l'entrée du passage qui avait été forcé par les chercheurs de trésors des siècles écoulés, on voit qu'une pierre basculante d'un système très ingénieux fermait originellement l'entrée. Cela prouve encore une fois qu'on devait s'en servir pour entrer et sortir de l'édifice, tandis que dans toutes les pyramides funéraires, une fois l'enterrement effectué, l'entrée était scellé hermétiquement.

Dans mon livre sur le mystère de la vie et de la mort, j'ai pu reconstituer le rite de la renaissance spirituelle qui était célébré dans la grande pyramide et où le passage remontant vers la chambre du sarcophage autant que le sarcophage même, ont un sens aussi profond que symbolique. Je reviendrai sur cette question plus tard.

Mais ce que personne n'a pu expliquer d'une manière satisfaisante, c'est la présence au-dessus de la chambre dite du roi de quatre énormes pierres superposées, à une certaine distance l'une au-dessus de l'autre, et le tout recouvert d'une sorte de toit.

L'hypothèse que cette étrange structure fût aménagée

pour alléger la pression de l'édifice sur la chambre du roi est purement enfantine. La voûte du couloir en pente qui mène vers cette chambre aurait bien plus besoin d'être renforcée, car elle porte dans toute sa longueur le poids énorme de tout l'édifice. Et pourtant rien de pareil n'y a été prévu.

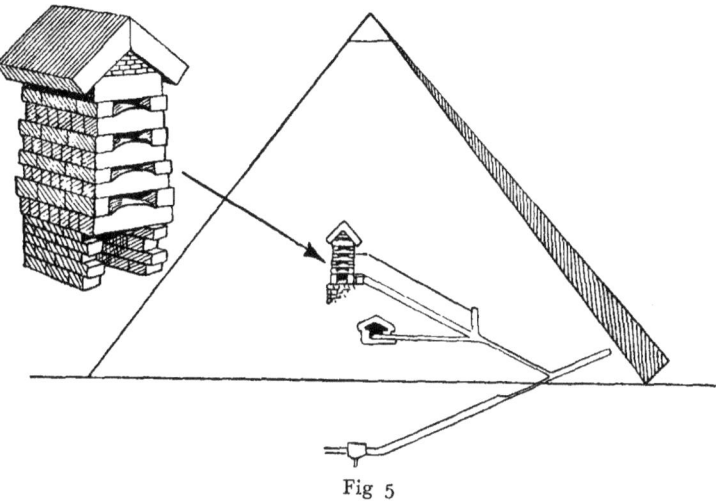

Fig 5

Non, cette étrange structure au-dessus du sarcophage, qui n'était nullement nécessaire du point de vue architectural, avait un tout autre but et ce but était très précis.

Le pendule révèle que le sarcophage entier est sous le rayonnement constant du V- émis tant par la forme entière de la pyramide, que concentré par la structure au-dessus de la chambre royale, qui est formée de quatre éléments identiques superposés formant pile. Le rayon que ces quatre éléments émettent n'est pas suffisant pour momifier ou nuire à la santé d'un être vivant, mais au contraire peut être employé soit dans un but curatif, soit pour produire un autre effet, dont l'explication m'entraînerait trop loin du but du présent ouvrage.

Chauméry et Bélizal ont bien compris la raison de l'installation de cet appareil dans le corps de la Grande Pyramide constituant un puissant poste émetteur de rayons radiesthésiques. D'après eux, les anciens Egyptiens, qui ne connaissaient pas l'usage de la boussole, s'aventuraient dans leurs voyages autant en mer que dans le désert en captant le rayon émis par la Pyramide.

Je m'arrête ici et je récapitule les points essentiels dont le lecteur doit se souvenir: 1) la forme pyramidale émet un rayonnement particulier; 2) quatre éléments de préférence en forme de pyramides ou hémisphères renversés, mais tous identiques, constituent une batterie qui émet continuellement l'onde mystérieuse que nous avons appelée le Vert Négatif.

Nous reviendrons sur ce sujet plusieurs fois dans le courant de cet ouvrage. Voyons maintenant quelles autres formes sont radiantes et la façon dont on peut concentrer et activer leur radiation.

J'ai dit dans l'ouvrage précédent que c'était l'abbé Mermet qui, le premier, utilisa des plans de terrains sur lesquels il faisait des découvertes avec autant de succès que sur le terrain même. En se basant sur le même principe on établit le procédé d'auscultation d'un malade en se servant de son témoin et de planches anatomiques.

Il m'est venu donc l'idée d'obtenir le V- non de la

forme même, mais de sa représentation en plan. Des expériences confirmèrent que c'était réalisable et j'ai pu obtenir ce rayon au moyen d'un cylindre en bois autour duquel furent marqués à l'encre des cercles séparés l'un de l'autre par la même distance. Ceci représentait comme le plan des hémisphères superposés, c'est-à-dire formait une batterie dont on pouvait augmenter le nombre d'éléments à volonté en ajoutant des cercles. En développant cette idée, j'ai essayé dans un autre dessin de tracer

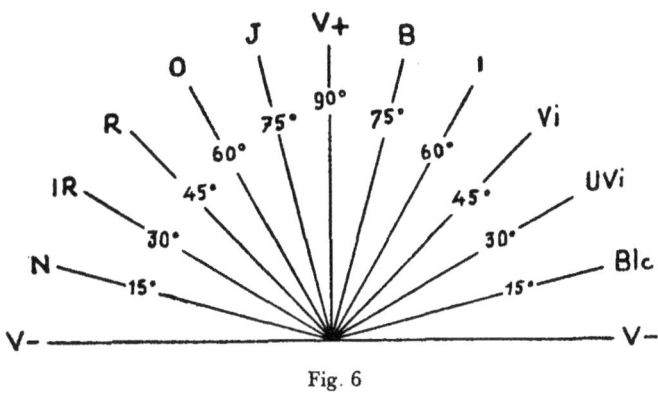

Fig. 6

des lignes parallèles le long du cylindre. Ce dessin donna comme rayonnement le V positif. Ainsi j'obtins un angle droit (90) entre le V positif et le V négatif. Il semblait raisonnable que les couleurs du spectre, disposées en ordre entre ces deux limites sur une sphère, pouvaient être trouvées aussi sur le cylindre.

Des expériences prouvèrent l'exactitude de cette

supposition et j'ai pu faire des cylindres répondant à chacune des couleurs du spectre tant visibles qu'invisibles. La différence de couleur dépend de l'angle que les lignes parallèles tracées sur le cylindre forment avec son axe. Ces lignes constituent une hélice dont le pas est plus ou moins incliné, enveloppant le corps du cylindre. Ces hélices peuvent être droites ou gauches. Les hélices droites émettent les couleurs négatives (bleues) et les hélices gauches les couleurs positives (rouges). Pour différencier une couleur de la suivante il faut changer le pas de l'hélice de 15°. Ainsi le Vert se trouvant dans le plan de l'axe du cylindre nous le prenons pour 0°, le Bleu (sa couleur voisine) sera émis pas l'hélice droite dont les lignes constituant le pas sont inclinées vers l'axe du cylindre de 15°, l'indigo — de 30° et ainsi de suite. Pour les couleurs positives ce sera la même chose, mais l'hélice sera gauche. Par exemple le Rouge, qui est la 3ème couleur à partir du Vert, demandera une inclinaison du pas de l'hélice de 45°.

L'escargot de Chauméry et Bélizal, dont j'ai parlé dans les "Premiers Pas", est basé sur le principe de la spirale se rapprochant de celui de l'hélice.

La découverte de cylindres radiant chacun une seule couleur pure rend de très grands services dont je parlerai dans un chapitre suivant. J'expliquerai aussi la façon dont il faut s'en servir afin d'obtenir le meilleur rendement. Le fait que deux lignes tracées en perpendiculaire l'une par rapport à l'autre donnent deux couleurs opposées, explique la raison pour laquelle un quadrillage même exécuté à l'encre sur du papier établit une sorte de "cage de Faraday" ne permettant pas la pénétration du rayon radiesthésique.

Jettons maintenant un coup d'œil rapide sur d'autres formes radiantes. Ce sera très court et sommaire, car une exposition détaillée de ce sujet demanderait des connaissances très spéciales et des études approfondies et nécessairement assez longues.

Tout signe tracé émet un rayonnement. Ceci doit être clair après ce qui vient d'être dit au sujet des cylindres. On a vu que le fait de tracer des lignes sous un certain angle est suffisant pour créer un rayonnement.

Les lettres et les signes qui constituaient l'enseignement mystérieux des anciennes écoles initiatiques n'étaient pas tracés au hasard. Ils représentaient des forces de la nature et leurs hiéroglyphes mêmes émettaient les forces qu'ils exprimaient. Les figures dites magiques dont se moque notre civilisation moderne, présentaient dans les yeux des anciens non un dessin fantastique, mais bien des accumulateurs de force très réels dont l'efficacité fut prouvée "des milliers de fois" sans laisser aucune possibilité au doute.

Parmi les objets rituels de l'Egypte ancienne, il en existe un nommé le Wr-Hekau, "la grande en sortilèges". C'est une baguette en forme de serpent avec la tête d'un bélier. N'est-ce pas, peut-être, la canne qui soit-disant se changeait en serpent et dont se servait Moïse pour accomplir ses miracles ? C'est à savoir.

En tous cas je puis dire que j'ai pu éprouver la force énorme de cet instrument et j'ai eu toutes sortes de difficultés à me protéger et à le neutraliser.

L'Yn-Yang est une autre preuve d'un dessin émettant une radiation. On peut constituer des batteries en superposant des Yn-Yang, comme aussi en changeant l'équilibre de la figure tracée par l'augmentation soit du champ blanc ou du champ noir. On obtient de cette façon des vibrations inconnues et parfois dangeureuses qui peuvent agir nuisiblement sur la santé. D'autre part, si l'on entoure le Yn-Yang d'un cercle des huit signes Pa-Koua on trouve que chacun de ces signes radie une couleur précise.

Avant de terminer ce chapitre, voici ce que dit un éminent radiesthésiste, Mr. Louis Chouteau, exposant sa méthode de traitement dont l'idée, comme le lecteur le verra, se rapproche sensiblement de celles exposées dans le présent ouvrage.

"J'ai étudié et retenu dans les plantes, dans les métaux, dans les minéraux, non plus comme de coutume leur substance agissant sur nos organes ou sur les microbes, mais bien la nature du mouvement qui dérive de leur forme ... Ce n'est plus la qualité chimique qui m'a intéressé mais la disposition des masses et des atomes qui vibrent dans chaque matière, puisque la puissance et le mode d'action qu'exerce cette matière est surtout dans le mode vibratoire qu'elle transmet à nos organes. Il peut donc y avoir dans la matière médicale une action qui soit sans relations avec la composition chimique de cette matière. Rien n'est plus indéniable. Et cette action, la médecine classique l'utilise, même parfois empiriquement..."

Je vais m'arrêter ici. Si le lecteur s'intéresse au sujet dont je ne donne ici qu'une idée très sommaire, je le renvoie à mes ouvrages antérieurs où ils sont traités plus amplement.

CHAPITRE V.

LES SUBSTANCES RADIANTES

Tout objet comme tout être vivant radie une vibration qui lui est propre et l'identifie ou le différencie d'un autre objet ou d'un autre être.

Afin de faciliter la distinction de ces radiations, on les classe d'après les couleurs du spectre visible et invisible.

Dans les "Premiers Pas" j'ai donné les correspondances de quelques métaux avec les couleurs.

La radiation des éléments était connue depuis la plus profonde antiquité. Les médecins de ces époques éloignées se servaient le plus souvent de métaux pour pratiquer l'ionisation. L'effet curatif des applications de métaux sur la peau était largement pratiqué pour certaines maladies. Aristote, Gallien, Paul d'Egine, Alexandre de Trailles, Paracelse en font mention. L'or et l'aimant étaient considérés comme étant les plus actifs.

Au XIXème siècle le Dr. Burg se livra à des études systématiques et constata l'efficacité des applications de plaques de métaux sur diverses parties du corps. Il constata que *"le même métal ne convient pas à tous les sujets indistinctement,* mais l'idiosyncrasie particulière à chaque individu exige l'emploi d'un métal spécial, variable par conséquent, mais sans règle déterminée." D'après les expériences des Drs. Bennet, Westfaal, et Dujardin-Beaumetz, plusieurs espèces de bois possèdent également des qualités curatives (p.e. l'écorce de quinquina jaune, le thuya, l'acajou etc...). Les Drs. Schiff et Maggiorani confirmèrent la réalité de ces phénomènes en les expliquant ainsi: "Divers corps actifs sont animés de vibrations moléculaires très rapides (rayonnement) pouvant se transmettre à l'organisme humain, même à travers des substances inertes non conductrices de l'électricité" ... Ils ajoutèrent (et ceci est de la plus grande importance) que ces "vibrations ne pouvaient avoir d'effet que *lorsqu'elles se trouvaient en certain rapport avec les vibrations propres de l'organisme souffrant*, vibrations extrêmement différentes suivant la nature de la maladie et de l'état momentané du malade.

L'expérience seule peut décider si tel métal ou tel bois sera efficace pour une personne déterminée".

En 1885 les Drs. Bourru et Burot, de l'Ecole de Médecine de Rochefort, après une série d'expériences et de démonstrations devant le corps médical, réussirent à prouver l'efficacité de l'ionothéraphie en agissant sur des malades soit par le contact direct d'un métal ou d'une substance chimique, ou bien même en transmettant l'influence vibratoire de la substance à une certaine distance. Ils publièrent un très intéressant ouvrage à ce sujet intitulé "L'action à distance des substances toxiques et médicamenteuses" (Paris, Baillers 1887).

Tout ceci montre que l'emploi à des fins curatives des radiations de substances n'est pas nouveau, mais que cette idée est au contraire très ancienne.

Il est important de noter, qu'un élément déterminé, objet ou être, radie *une seule couleur* qui le caractérise et qui est, pour ainsi dire, la résultante des différentes vibrations entrant dans sa composition.

Mais il existe des éléments qui rayonnent simultanément toutes les couleurs du spectre ainsi que des couleurs invisibles. C'est à l'étude de ces éléments que je consacre le présent chapitre.

La découverte par les Curie du radium posa la pierre de base de toutes les expériences sur la radioactivité. Ceci mena malheureusement à la bombe atomique qui peut en fin de compte aboutir à la destruction de l'humanité. Les recherches dans le domaine des radiations des éléments sont poursuivies dans le monde entier, il me semble donc que le lecteur ne sera pas étonné d'apprendre l'existence dans la nature d'éléments qui émettent des radiations radiesthésiques simultanément sur différentes longueurs d'ondes.

Les grains de sable ordinaires, tamisés très fin, offrent sous le microscope des formes irrégulières. Ce sable peut servir à neutraliser le rayonnement radiesthésique. On peut employer dans ce but non seulement du sable mais aussi une poudre fine quelconque (par ex. de la sciure de bois, du charbon en poudre, de la chaux etc...) Un récipient contenant une certaine quantité de poudre fine arrête le mouvement du pendule, en absorbant pour ainsi dire le rayonnement radiesthésique qui le provoque.

Un grand expert du sable, Mr. Capes, qui est aussi un radiesthésiste éminent, a publié récemment un livre sur les sables⁽¹⁾. Au cours de ses recherches il a découvert dans les couches supérieures de certaines dunes nord de l'Egypte, un sable qui possède des qualités extraordinaires. Les grains de ce sable présentent au microscope des sphères presque parfaites et homogènes. Ceci semble indiquer qu'il est le produit de millions d'années de mouvement et de frottement des particules l'une contre l'autre.

Ausculté au P.U., ce sable donne simultanément toutes les couleurs du spectre. Sa présence dans une pièce bouleverse tous les appareils, qui résonnent à toutes les vibrations sans distinction. Une pincée de ce sable porté sur soi dans un sachet, provoque après un certain temps des malaises, maux de tête, troubles cardiaques etc...

Ceci est compréhensible : les vibrations qui se produisent simultanément sur toutes les longueurs d'ondes du spectre dérangent les vibrations normales des cellules. Une application prolongée de ce sable peut mener à de graves conséquences, même à des maladies peut-être encore inconnues, provenant du déséquilibre des vibrations cellulaires.

Il était essentiel de trouver le moyen de paralyser les vibrations nocives de ce sable et de chercher s'il était possible de le filtrer pour le rendre utilisable. Des expériences prouvèrent qu'une fois enfermé dans une boîte en fer blanc il n'émettait plus qu'un seul rayon de couleur, notamment le bleu. Il fallait alors poursuivre

---

(1) J.L. Capes: "Sand Dunes". A description of dunes in Egypt and observations on their formation.

les expériences en plaçant le sable dans des boîtes de différents métaux. Ces essais donnèrent pleine satisfaction et prouvèrent: 1) qu'un métal en général sert de filtre, 2) que chaque métal laisse passer seulement un rayon et arrête tous les autres. Par exemple le zinc filtre le rayon jaune, l'aluminium - l'Infra Rouge etc...

Ainsi l'emploi du sable dans des buts curatifs était aisé. Au lieu d'appliquer une étoffe d'une certaine couleur, qui d'après les indications du pendule universel rétablissait le bon fonctionnement d'un organe, on pouvait se servir du sable actif filtré par le métal donnant la couleur nécessaire. La puissance de rayonnement du sable est bien supérieure à celle d'une étoffe de couleur. Si cette dernière donne au biomètre le chiffre maximum 70 à 80, le sable donne de 130 à 150. Ainsi, si l'on considère la couleur comme médicament, le sable constitue une dose presque double. L'effet par le sable est en conséquence plus rapide et plus fort; mais alors qu'on peut tenir une couleur sans effet contraire pendant des heures et même des journées, on ne peut agir de même avec le sable qu'il faut enlever dès l'apparition d'un malaise.

Il est important dans tout traitement radiesthésique de savoir doser les vibrations. Une vibration de couleur ayant une fois accompli son rôle et rétabli l'équilibre dérangé, agit comme rayon nocif troublant à son tour, cet équilibre.

Ce fait est comparable à une balance déséquilibrée. Pour rétablir l'équilibre il suffit de mettre sur le plateau le poids manquant, mais si cette quantité est dépassée l'équilibre se perd, le plateau retombe sous le poids exagéré.

La même chose se produit avec les vibrations radiesthésiques.

Aussi faut-il procéder avec prudence, surtout lorsqu'il s'agit non de pièces d'étoffe de couleurs, mais de produits radiants. Il en est de même de tout genre de traitement radiesthésique: on doit observer et vérifier très attentivement les effets au moins deux fois par jour.

Ce qu'il y a d'intéressant et sur quoi je tiens à attirer l'attention du pratiquant, c'est le fait que des métaux différents filtrent la même couleur. Par ex. l'infra-rouge est filtré par l'aluminium, le cuivre et le plomb, mais ces radiations filtrées par différents métaux, bien que répondant toutes à l'infra-rouge, ne sont pas identiques. Je pense qu'ici entre en jeu le fait que l'infra-rouge (autrement les ondes caloriques) comprend 8 octaves et non une seule couleur précise comme celles du spectre visible. Je pense donc que les différents métaux, bien que filtrant des longueurs d'ondes qui sont toutes de l'ordre de l'infra-rouge, donnent chacun un infra-rouge différent. Dans les traitements j'ai pu constater que certains cas, comme certains individus, nécessitant l'infra-rouge, répondaient mieux à un filtre qu'à un autre. Dans tous ces cas l'auscultation au pendule universel indiquait l'infra-rouge comme couleur curative. En essayant au moyen de la planchette Noret cette couleur filtrée par différents métaux, on peut trouver le filtre qui convient le mieux à chaque cas.

C'est un travail minutieux qui demande beaucoup

de patience, mais le résultat obtenu récompense largement l'effort fourni.

Encore un mot pour en finir avec le sable. Afin de le conserver et d'arrêter complètement son rayonnement il suffit de le tenir dans deux boîtes en métal différent: p.e. dans une boîte en étain qui elle-même est introduite dans une boîte en cuivre. Chaque métal ne laissant passer qu'un seul rayon de couleur, deux filtres différents arrêtent tout écoulement de vibrations.

Un autre produit rayonnant naturellement est la graine de blé trouvée dans des tombeaux de l'ancienne Egypte. On a fait germer et pousser en France des graines provenant de graines originelles prises dans ces tombeaux. Elles peuvent être achetées chez les Frères Sauvageot sous le nom de "Blé d'Osiris".

La radiation de ces graines est d'une extrême puissance et ne peut même pas être mesurée biométriquement, car elle dépasse la longueur de toutes les règles biométriques et envahit presque instantanément la pièce, bouleversant les appareils. Ce blé radie naturellement le rouge. Les filtres-métaux employés pour le sable ne sont d'aucune utilité et il a fallu trouver un autre moyen de filtrage. Toutes sortes de moyens furent essayées sans aucun résultat, et ce n'est que le "principe de la forme" qui permit de maîtriser ce rayonnement, un des plus puissants que je connaisse.

Pour arrêter le rayonnement et pouvoir conserver les graines dans une pièce sans qu'elles bouleversent l'équilibre des personnes s'y trouvant, et ne dérangent les appareils, il faut les mettre dans une boîte (en carton ou en bois) qu'on entourera d'une sorte de "cage de Faraday". Un fort quadrillage suffit, mais ce quadrillage doit entourer la boîte toute entière en ne laissant aucune partie découverte. Le filtrage se fait au moyen de certaines combinaisons de formes composées d'après les enseignements des anciens.

Je ne puis m'étendre davantage, car cela nécessiterait de trop longues explications et m'entraînerait trop loin du but de ce livre.

Je conseille à celui qui voudrait s'instruire sur ce sujet d'étudier attentivement ma "Trilogie de la Rota".

L'efficacité des traitements au moyen du blé d'Osiris est parfois presque miraculeuse, mais étant donné sa force extraordinaire, il est dangereux de s'en servir sans avoir préalablement acquis une grande expérience. L'action des vibrations émises par le blé d'Osiris peut être comparée en médecine à un poison très fort qui peut être employé avec succès dans des buts curatifs, mais qui dans les mains d'un profane peut être désastreux.

Il existe dans la nature encore d'autres substances qui rayonnent simultanément sur différentes longueurs d'ondes (p.e. l'alun), mais leurs radiations ne sont pas comparable par leur force aux éléments décrits. Ces radiations peuvent être filtrées pour obtenir un rayon pur d'une couleur précise, ce qui est essentiel pour les traitements.

Je pense que les dégats produits par le radium proviennent précisément du fait que cette substance donne simultanément un faisceau de vibrations (Alpha, Betha et Gamma) et non un rayon pur.

Ce fait provoque des troubles cellullaires, car si un des

rayons du faisceau agit d'une façon curative, les autres sont nocifs et détruisent l'effet bienfaisant. Le filtrage par des plaques en métal n'est pas suffisant pour arrêter le rayon Gamma appelé "dur", dans sa pénétration à travers tous les obstacles. Mais le radium n'étant pas l'objet du présent livre je ne le mentionne qu'en passant.

Les substances dont il a été question rayonnent toutes les couleurs du spectre sauf le V-. La même observation concerne l'eau chargée par la giration. Il me semble donc que le V- est une vibration de nature toute particulière qui a un certain rapport avec la vie. La rotation mécanique ne peut pas communiquer à un objet le V-, mais seulement les couleurs spectrales. Le V- se trouvant entre le Blanc et le Noir, "entre la vie et la mort" serait-il le fluide mystérieux de l'arbre de la connaissance du Bien et du Mal de la Genèse ? Les anciens savaient bien s'en servir et ce n'est pas sans raison qu'ils chargeaient tous leurs appareils magiques de Vert Négatif.

CHAPITRE VI.

APPLICATION PRATIQUE
DES THÉORIES EXPOSÉES

Comme le lecteur a pu s'en rendre compte le choix d'une couleur appropriée est ce qu'il y a de plus important dans un traitement radiesthésique; et ceci pour tous les genres de traitements quel que soit le mode d'opération. Si on opère par les procédés les plus simples en se servant de morceaux d'étoffe de couleur, il faut choisir *la couleur exacte* qui donne le meilleur résultat. Je m'explique: chaque couleur possède de nombreuses nuances. Même dans le spectre solaire ce n'est qu'au milieu de la bande de couleur qu'on la trouve pure. Les côtés de la bande présentent des nuances, qui servent de transition pour passer à la couleur voisine.

Si nous prenons p.e. le rouge, il existe du rouge sang de bœuf, du rouge-brique, du rouge-cerise etc. Toutes ces couleurs sont classées rouges et répondent à cette couleur sur le P.U., mais un opérateur habitué aux mouvements de son pendule remarquera qu'au-dessus d'un rouge le pendule girera franchement et avec force, tandis qu'au-dessus d'un autre son mouvement sera ralenti et parfois à peine perceptible. Pour obtenir le meilleur résultat dans le choix d'une étoffe de couleur il faut

75

s'arrêter sur la nuance qui donne pour tel individu la plus forte giration du P.U.

Il faut donc trouver et appliquer un *rayon pur*, car lui seul donne le meilleur rendement.

C'est d'autant plus important lorsqu'il s'agit d'un rayonnement de forme, obtenu au moyen d'appareils et de substances radiantes dont il a été question dans les chapitres précédents. Et c'est précisément pour cette raison que tant d'efforts furent déployés pour isoler le rayon de couleur pure.

Dans les "Premiers Pas" j'ai parlé surtout de la façon de poser un diagnostic exact et de la méthode la plus simple de traitement par l'application de pièces d'étoffe de couleur, ou bien de "charge" au moyen du P.U. Tout ceci concernait surtout le mode de *traitement direct*, c'est-à-dire l'application sur le patient même de la vibration curative.

Mais outre cette méthode, qui donne parfois de très bons résultats, il existe le *traitement indirect*, c'est-à-dire celui qui se fait en se servant de témoins et de planches anatomiques. Ce mode de traitement est considéré par certains radiesthésistes comme sortant des cadres de la radiesthésie et appartenant à ce qu'ils appellent la téléradiesthésie (la radiesthésie à distance).

Je ne partage pas cette opinion et ne pense pas qu'il soit nécessaire de tracer une ligne de démarcation entre ces deux branches de la même science. Le traitement à distance n'est qu'un autre moyen d'arriver au même but mais ne relève pas d'une science différente.

Il arrive très souvent qu'il faille combiner les deux

méthodes et agir tant directement qu'indirectement, pour arriver plus vite au résultat voulu. Mais il y a encore plus que cela, et je vais exposer les raisons pour lesquelles je préfère le traitement indirect à l'application directe des rayons radiesthésiques.

Quand on ausculte un patient on trouve des points sur son corps qui sont en déséquilibre. D'après leur emplacement on suppose que c'est tel ou tel organe qui est dérangé. Il est vrai qu'avec des témoins-organes on peut établir avec une certaine précision que le mal provient d'un organe déterminé mais cette précision n'est que relative lorsqu'il s'agit des soins. Dans un cas complexe, il ne suffit pas en effet d'appliquer le rayon curatif sur la peau dans la région de l'organe malade. D'abord parce qu'avant d'atteindre l'organe le rayon agira sur les couches qui le séparent de la peau et peut être sur d'autres organes dont il peut déranger le fonctionnement normal. Très souvent ce n'est qu'un point déterminé et non l'organe en sa totalité qu'il faut traiter. Enfin il y a certains organes, p.e. les glandes endocrines ou des centres nerveux qu'il est impossible d'atteindre par des applications sur la peau.

Le mal peut provenir également de la glande hypophyse des parathyroïdes ou encore de l'une des surrénales.

Une application de rayon directement sur le corps du patient ne peut pas donner de résultats satisfaisant et risque en outre de créer des troubles aux organes voisins.

Dans tous ces cas, le dessin anatomique de l'organe qui permet un traitement concentré uniquement sur cet organe, ou même sur sa partie atteinte, est tout indiqué.

De plus l'auscultation donne beaucoup plus de précision si elle est faite sur un dessin anatomique que si elle est menée sur le patient lui-même.

L'indispensable pour le succès de ce genre de traitement est évidemment la connaissance approfondie de l'anatomie et l'emploi des dessins les plus détaillés, qu'on trouve dans les grands cours d'anatomie (p.e. tel que Grey's). Dans ces cours un organe est représenté non seulement en son entier, mais en sections et en coupes tant verticales qu'horizontales. En auscultant attentivement un pareil dessin on arrive à localiser la partie atteinte avec la plus grande précision. Il m'est arrivé maintes fois de faire (p. e.) le dessin d'une tumeur qui, comparée avec une radiographie, était identique, montrant non seulement l'emplacement exact mais la forme en tous ses détails.

De ce genre, j'aurais pu donner un grand nombre d'exemples relevés dans mes dossiers. Mais mon but n'est ni de me vanter de succès obtenus ni de fatiguer le lecteur. Dans la seconde partie de ce livre je présenterai quelques cas typiques de cancer afin qu'on puisse se rendre compte de mon mode opératoire.

Ayant trouvé la partie atteinte d'un organe sur les planches anatomiques, on en fait un croquis qu'on joint au témoin (sang de préférence) du malade.

L'ensemble est exposé à l'action d'un émetteur réglé à la couleur qui rétablit l'équilibre.

De cette façon ce n'est que la partie affectée qui reçoit la radiation curative et celle-ci ne dérange aucun autre organe.

Il arrive parfois que différentes couches du même organe soient affectées et demandent différents rayons.

Pour rendre cette idée plus claire je citerai un exemple.

Un sujet souffrait du poignet de la main droite: enflure, immobilisation, mauvaise circulation, douleur. La photographie aux rayons X montra une affection de l'articulation carpienne supposée de nature tuberculeuse. Le chirurgien jugea l'opération inévitable, et prédit l'immobilisation du poignet. Le patient, un homme pauvre obligé de gagner sa vie par le travail manuel, ne consentit pas à cette opération qui l'eût rendu invalide. Il s'adressa à nous en nous priant de faire tout pour sauver sa main.

L'auscultation directe indiqua la nécessité d'employer le mercure (rayon Vert). L'ionisation par le mercure poursuivie pendant un mois ne donna pas de résultats satisfaisants; le patient continuait à souffrir et l'enflure ne diminuait pas. Alors j'entrepris une auscultation sur planches anatomiques, et je trouvais que l'affection siégeant dans les os constituant l'articulation carpienne, demandait le rayon anti-tuberculeux qui est dans le faisceau du Vert. Mais l'auscultation montra de plus que les ligaments du poignet étaient également affectés et pouvaient être rétablis par l'Ultra-Violet. Deux croquis, l'un de l'articulation carpienne et l'autre des ligaments furent soumis chacun à l'action des rayons respectifs. Le résultat fut des plus satisfaisants; en quelques semaines l'enflure disparut, la circulation fut rétablie ainsi que le mouvement des doigts. La douleur a complètement cessé et le patient a pu reprendre son travail. J'ai choisi cet exemple afin de montrer à quel point l'auscultation directe d'un cas compliqué donne une impression erronée. Les appareils qui servent d'émetteurs sont des plus simples et chacun peut les fabriquer lui-même.

Flèche réglable. Cet appareil est basé sur l'idée du pendule à cône imaginaire de Chaumery et Bélizal. Une planchette carrée d'environ 10 cm. de côté (ou bien en circonférence du même diamètre) est traversée au centre par une tige qu'on peut soit avancer soit reculer à volonté. L'angle entre la pointe de la tige et le bord de la planchette constitue un cône imaginaire qu'on peut soit allonger soit raccourcir. Les formes variées qu'on donne au cône en changeant sa longueur émettent des variations de couleurs qui radient au bout de la tige. Ces couleurs sont indiquées sur la tige par des lignes transversales espacées l'une de l'autre à distances égales. Afin de trouver au début les couleurs on se servira du P.U.

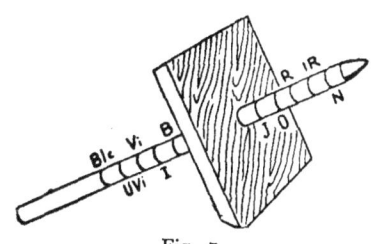

Fig. 7

On fixe sur un écran, le croquis de l'organe qu'on veut traiter joint au témoin du patient puis on ajuste la flèche sur la couleur curative. On dirige ensuite la pointe sur l'organe ou sa partie qui nécessite ce traitement.

La planchette et la tige sont en bois (jamais en métal).

Pour renforcer l'action de la flèche il est bon de la joindre au moyen d'une ficelle au mur, mais il faut que les deux bouts soient solidement fixés (l'un au mur et l'autre à la tige) afin que le rayonnement venant de la terre arrive à l'appareil. Pour éviter la perte de "courant" il est bon de plac · sur du métal qui servira d'isolont tant la planchette que le bout de la tige reposant sur la table. On peut aussi employer des plaques en fer blanc ou en aluminium.

Cet appareil donne de très bons résultats dans des affections bénignes. Son action n'est pas très forte et permet de faire de longues expositions sans danger, ce qui est un avantage.

Cylindres hélicoïdaux. J'ai exposé dans un des chapitres précédénts la théorie des hélices, je n'y reviens donc pas ici. La façon la plus simple de confectionner les cylindres est la suivante: on taille dans une pièce de bois bien ronde (p.e. un manche à balai) d'environ 3 cm. de diamètre, 12 morceaux d'environ 10 cm. de longueur. Je donne ces dimensions approximativement, car une plus ou moins grande longueur ou épaisseur des cylindres n'a pas grande importance. Plus le cylindre est long plus il a de force, mais il devient plus difficile à manier. Ainsi je donne la longueur moyenne et commode. On colle autour du cylindre du papier rayé de la façon suivante: Un cylindre comportera des rayures dans le sens de la longueur, parallèles à son axe (ce qui donne le Vert), le second des rayures allant en travers de l'axe formant ainsi des cercles autour du cylindre (couleur Vert négatif). Le reste des cylindres aura les lignes hélicoïdales différant l'une de l'autre par un angle de 15° d'inclinaison.

Ainsi on obtient la série de toutes les couleurs tant du spectre visible qu'invisible, correspondant au P.U. ou à l'escargot.

Chaque cylindre aura un trou à son bout, percé à environ 2 cm. de profondeur dans lequel sera introduite la tige du support. Ce dernier sera confectionné en deux métaux différents (p.e. la tige en aluminium et la base en cuivre). Les deux métaux sont indispensables afin d'isoler l'appareil de la table sur laquelle il est placé. Une ficelle fixée au support le joint au mur.

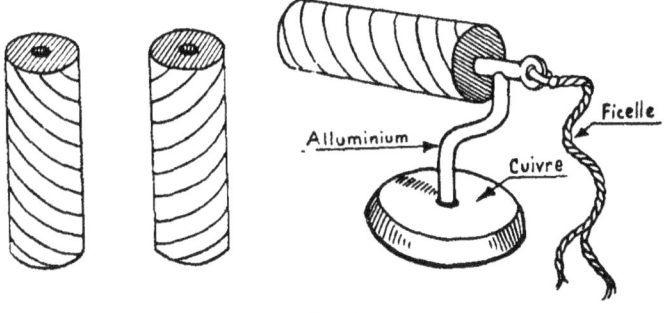

Fig. 8

Le meilleur résultat est obtenu quand on place l'écran avec le croquis de l'organe à traiter à une distance d'environ 75 cm. du cylindre. Le rayonnement émis par cet appareil est beaucoup plus fort que celui de la flèche et il est donc à conseiller de ne pas faire de longues expositions. 20 minutes ou une demi-heure suffisent ordinairement pour des cas bénins et la "charge" donnée ainsi par le cylindre dure environ 48 heures et très souvent davantage.

L'avantage de l'appareil à cylindres consiste dans le fait qu'il peut être employé tant pour le traitement indirect (sur témoin) que pour le traitement direct. C'est ainsi que des maux de tête à causes neuralgiques passent comme par enchantement sous l'action directe du cylindre approprié.

L'Escargot. Comme appareil à radiations très faibles on peut se servir de "l'escargot" de Chauméry et Bélizal (décrit dans les "Premiers Pas"). On place le témoin et l'organe qu'on veut influencer par une couleur quelconque dans le prolongement de la ligne de la couleur choisie qui est marquée sur l'escargot. Au centre de l'appareil on place un émetteur actif (p.e. du sable radiant dans une boîte de métal filtrant la couleur nécessaire). Le témoin recevra une faible vibration curative qui parfois, dans certains cas bénins est suffisante. L'inconvénient de cet appareil réside dans le fait que toutes les couleurs du spectre sont radiées simultanément par les rayons de l'escargot, ce qui peut brouiller des appareils se trouvant à proximité.

Les Pa-Koua. Les huit signes correspondant aux sept couleurs du spectre et le Vert négatif peuvent également servir d'émetteur comme l'escargot. On peut renforcer son action en superposant plusieurs Yn-Yang l'un au-dessus de l'autre au centre du cercle des Pa-Koua. Mais je n'en recommande pas l'emploi car il a les mêmes inconvénients que ceux de l'escargot, c'est-à-dire qu'il radie simultanément toutes les couleurs dans toutes les directions. Il est impossible de concenter son action exclusivement sur le témoin.

L'Aimant. On peut aussi projeter une radiation de couleur au moyen d'un aimant ou en général d'une forme en fer à cheval de matière non magnétique, comme il a été expliqué dans un chapitre précédent. Entre les deux bouts du fer à cheval on place la couleur (ou le métal) qu'on veut projeter. Elle est dirigée vers le témoin par une tige de matière indifférente ayant une pointe à son extrémité.

L'exposition peut être prolongée car la radiation émise de cette façon est assez faible.

Pyramides & Hémisphères. Pour obtenir le faisceau du Vert négatif on se sert de *quatre* pyramides ou hémisphères superposées l'une au-dessus de l'autre, qu'on installe au-dessus du témoin à une certaine distance qui ne doit pas être supérieure à la hauteur de chaque élément (pyramide ou hémisphère) composant la batterie. J'insiste sur le nombre *quatre* qu'il ne faut pas dépasser sans risquer de nuire au patient.

Dans la seconde partie je reviendrai à ce mode de traitement qui se rapporte surtout à la tuberculose et an cancer.

Oscillateur. Cet appareil fut conçu sur l'idée de l'oscillation à haute fréquence de G. Lakhovsky; mais il diffère essentiellement de ce dernier: 1) Il n'est pas électrique, et 2) au lieu d'osciller simultanément sur toutes les longueurs d'ondes en laissant à la cellule malade le choix de la vibration curative, un dispositif spécial permet de concentrer toutes les oscillations sur une seule onde qui est ainsi renforcée et émise par l'appareil. Je donnerai une description plus détaillée de cet appareil dans la seconde partie du présent ouvrage quand il sera question du traitement du cancer.

RÉSUMÉ

Pour établir un diagnostic et trouver le traitement à suivre on procède ainsi :
1. Trouver la couleur individuelle du patient au moyen du P.U.
2. Se rendre compte de son état général de santé en plaçant son témoin sur le point central de l'"escargot" de Chauméry et Belizal (si le pendule gire en sens direct sur le prolongement de la ligne marquée Violet, l'état général est bon; s'il balance ou gire en sens inverse, le patient est malade).
3. Etablir le chiffre biométrique (B) qui indiquera la vitalité du patient. Pour obtenir ceci il faut placer le témoin sur le carré noir du biomètre et déplacer lentement la main avec le pendule (réglé à la couleur individuelle du malade) le long de la règle jusqu'au chiffre où il commence à balancer en travers de la règle. Ce chiffre sera celui de la vitalité du patient.
4. En tenant le pendule de la main droite, et une pointe avec le témoin dans la main gauche, ausculter sur une planche anatomique les organes l'un après l'autre en les touchant de la pointe. Si le pendule gire en sens direct l'organe est sain, s'il balance ou gire en sens inverse, l'organe est affecté.
5. On cherche la couleur qui rétablit la giration directe en changeant la position de l'anse de P.U., ou bien en présentant des rubans d'étoffe des diverses couleurs.
6. On applique la couleur trouvée par un des moyens

indiqués: a) directement: en plaçant sur le patient à l'emplacement de l'organe malade un morceau d'étoffe de la couleur trouvée; b) indirectement: en projetant sur le témoin joint au dessin de l'organe affecté le rayon de la couleur appropriée au moyen d'un des appareils décrits.

7. Pour vérifier le diagnostic obtenu par l'auscultation sur planches anatomiques on place le témoin sur la planchette Naret sur l'emplacement Sud, et l'organe en question, pris dans la "Trousse radiesthésique", sur l'emplacement Nord. L'angle formé avec la ligne E-O par le balancement du pendule indiquera le degré de l'affection.

8. Le rayon curatif ou le médicament qui rétablit l'équilibre peuvent être vérifiés également par la planchette Naret en plaçant soit la couleur soit le médicament sur l'emplacement Nord. Le balancement du pendule, indiquant le rétablissement de l'équilibre, doit revenir sur la ligne E-O (perpendiculaire à la ligne joignant les deux points noirs).

DEUXIÈME PARTIE

CANCER

CHAPITRE I.

CANCER.

DÉFINITION ET CAUSES

J'espère que la première partie de cet ouvrage a été comprise et que le lecteur est familiarisé avec les principes de traitement indirect et les différentes formes radiant des vibrations radiesthésiques.

Par ce traitement du Cancer que je suis en train de mettre au point, j'ai obtenu souvent des guérisons complètes, mais toujours un arrêt de développement de la maladie et la disparition des douleurs. La présente partie de ce livre est consacrée uniquement au cancer et je commence par la définition de ce mal.

Le cancer est une dégénérescence de la cellule qui se développe d'une façon chaotique formant des néoplasies. Toutes les recherches d'un agent microbien ou d'un virus furent vaines jusqu'à présent.

Dans un traité de médecine médiévale datant du XVe siècle, cette maladie est appelée Chancre et elle est considérée comme étant "une beste rongeante". Le traitement proposé est vraiment extraordinaire: afin d'éviter que la "beste" ne se nourrisse aux dépens du malade, on lui donne à manger de la viande fraîche qu'on applique à l'endroit malade. Ceci, soit disant, fait sortir la bête du corps du patient et il se débarrasse ainsi du mal.

J'ai tenu à donner ce curieux procédé pour montrer que même à cette époque lointaine le cancer était connu et que l'on cherchait des moyens pour le guérir.

Les opinions des savants de nos jours sont partagées au sujet de l'origine et des développements du cancer.

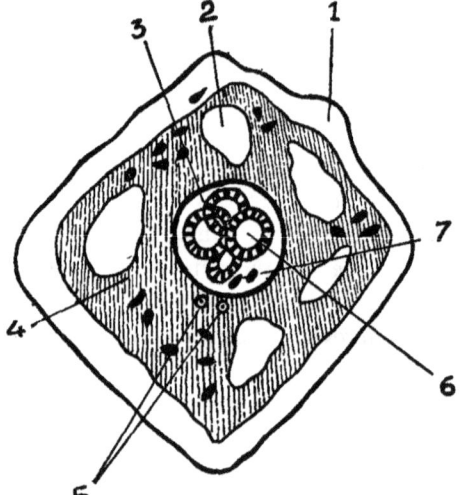

1. Membrane protoplasmique.
2. Vacuole contenant le suc cellullaire.
3. Chromosomes (tubes isolants contenant le liquide à charger)
4. Protoplasme cellulaire.
5. Pôles cellulaires (positif et négatif).
6. Suc nucléaire.
7. Nucléole.

G. LAKHOVSKY le qualifie de déséquilibre oscillatoire d'ordre électro-magnétique. Dans un très intéressant ouvrage consacré au traitement du cancer il explique comment débute et se développe une néoplasie (tumeur) en partant d'un désordre cellulaire. Selon lui, le chromosome qui se forme dans le noyau de la cellule est comme un chef d'orchestre qui dirige l'ensemble des chondrions comparés ainsi aux musiciens. Si pour une raison quelconque le chef d'orchestre disparaît, les musiciens commencent à jouer chacun pour soi, c'est-à-dire que la cellule vibre simultanément sur différentes longueurs d'ondes, ce qui crée un état chaotique de la cellule. Chaque chondrion s'enveloppe d'une membrane et commence à se multiplier sans ordre. C'est précisément cet état désordonné de la cellule qu'on observe au microscope et qui permet au médecin de reconnaître avec certitude une tumeur cancéreuse.

H. CHRÉTIEN partage l'opinion de Lakhovsky définissant le cancer comme un mal qui est à l'intérieur de la cellule.

Le Dr. BENOIT de l'Institut Pasteur précise et confirme la même idée, car en parlant de l'organisation de la cellule il dit notamment: "L'ordre est une des lois de la vie", et plus loin, concernant les cellules néoplasiques: "on dirait que l'anarchie s'est mise dans la société. Tout est sens dessus dessous"...

G. LESOURD, tout en partageant l'opinion de Lakhovsky ajoute, concernant les causes du cancer, qu'il peut y avoir d'autres facteurs pouvant le provoquer. D'après lui ces facteurs peuvent être des chocs moraux, des erreurs d'alimentation, des irradiations solaires, des substances cancérigènes telles que p.e. le goudron. Selon lui des vibrations nocives ne pourraient que favoriser l'apparition du cancer en un point de l'organisme et cela seulement chez les personnes à terrain imprégné de cancer (genre de locus minoris resistentiae.) D'après le même auteur il faut toujours qu'il ait existé un traumatisme physique:

choc, chute survenue peut-être pendant la première enfance et ayant affecté la région sacro-coccygienne. Ceci confirmerait l'opinion de Lakhovsky concernant la disparition du noyau (chef d'orchestre) cellulaire qui est la première étape du développement de la néoplasie. Un coup, ou une chute peut écraser un chromosome. Ceci permet aux chondrions de se développer chaotiquement.

Selon L. CHAUTEAU, chaque fois qu'un organe manque d'oxygène et crée de l'hydrocarbone il est sous la menace du cancer.

Le prof. FERGUSSON considère que le chagrin peut amener un déséquilibre cellulaire et être la cause du cancer.

Le commencement du déséquilibre peut précéder la manifestation du cancer de vingt ans; puis vient la période latente prétumorale d'imprégnation cancéreuse (indétectable par la médecine actuelle); puis c'est la période tumorale: présence de tumeur cliniquement observable, enfin le dernier stade est celui des métastases.

Y a-t-il possibilité de contagion cancéreuse ? La plupart des médecins se prononcent négativement: le cancer ne peut être transmis ni par contact ni par inoculation. Par contre il est transmis par greffe de la cellule cancéreuse ainsi que par des ondes virulentes émanant tant du malade même que des objets utilisés par lui. Cette dernière assertion peut sembler imaginaire à première vue, mais des expériences menées par le prof. CASTALDI sur des plantes aquatiques (Eloden canadiensis, Asolla Caroliana etc.) semblent confirmer l'influence rayonnée par des substances (ou des couleurs).

Des plantes dans des aquariums étaient placées sur des plaques en fer. Elles poussaient avec une rapidité extraordinaire (effet du Rouge), mais ayant atteint la maturité elles mouraient bien avant les témoins qui poussaient naturellement.

Quand les aquariums étaient placés sur des plaques en cuivre (jaune) ou en zinc, la pousse des plantes était moins accentuée (la radiation positive étant moins forte). Le plomb (violet) arrêtait la croissance et faisait périr la plante. D'autre part le Dr. RIED expérimenta sur des rayonnements des éléments chimiques (chlorure de calcium, sels de sodium etc...). Placés sous des cages d'animaux ces produits accéléraient le développement de l'animal (accouplement précoce d'un mois environ), mais les produits naissaient avec des queues nécrosées.

Encore selon Lakhovsky, les radiations bleues (p.e. le bleu de méthylène) exercent une certaine action destructive sur la cellule. Certains médecins recherchent la cause du cancer dans la nourriture. Ainsi, d'après les travaux du Dr. BELLOWS sur les tomates, il semble résulter que les chondrions de ce fruit provoquent par induction une oscillation forcée des chondrions de la cellule animale. Des bactéries de tomates en forme de bâtonnets inoculées au rat provoquaient chez lui le sarcoma. Ceci semble confirmer une vieille croyance allemande que les mangeurs de tomates finissent par avoir le cancer. Il se pourrait que d'autres légumes et fruits possèdent également des chondrions actifs. Mais pour obtenir la contagion du cancer il faut que ces chondrions soient inoculés directement dans le sang et non absorbés.

Ainsi, il me semble qu'on peut conclure de toutes ces opinions, que j'ai tenu à citer, que c'est le déséquilibre cellulaire qui est à la base de toute néoplasie. Il n'y a pas de raison de chercher un microbe ou une toxine qui en serait la cause.

Dans les "Premiers Pas" j'ai déjà donné une idée de la formation intérieure d'une cellule. Dans son livre sur les formations néoplasiques, Lakhovsky donne plusieurs dessins schématiques, représentant tant la cellule normale qu'une cellule néoplasique. Cela montre très nettement l'état chaotique dans lequel se trouvent les chondrions d'une cellule cancéreuse. Le lecteur peut donc s'informer à ce sujet dans l'ouvrage cité.

Voyons maintenant ce qui cause la naissance du cancer outre un traumatisme détruisant le noyau d'une ou de plusieurs cellules.

Des observations et des statistiques menées pendant des années prouvèrent l'existence de maisons à cancer et même de régions entières où des cas de cancer se répétaient avec plus de fréquence. Des plans de Paris et de ses banlieues dressés par le Dr. DEBEAUQUIN montrent, par arrondissements et par localités suburbaines, le pourcentage de décès dûs au cancer. En étudiant ces plans on est frappé par le fait qu'il existe deux lignes presque parallèles et continues passant par Bagneux, Villejuif, Rugis, le XVme arrondissement, Issy, Neuilly, Nanterre. Les maisons construites dans les limites de ces deux lignes se trouvent au-dessus d'un filon d'eau contaminée et sur des failles également contaminées. Cet exemple frappant et absolument exact se base sur les statistiques du Service de l'Hygiène.

Le Dr. DURAND DE COURVILLE considère que ces zones à cancer semblent être conditionnées par le régime hydraulique du sol et du sous-sol immédiat. Le Dr. LAGARDE présente toute une liste de cas de cancer survenus dans certaines maisons où des familles entières mouraient de cancer. D'autres locataires ayant pris possession d'une pareille maison et n'ayant aucune relation avec les premiers occupants, contractaient le même mal et en mouraient. Le Dr. LABAT de S. en Belgique cite un cas de huit personnes de la même famille mortes dans la même maison, toutes de cancer.

Deux médecins hongrois, les Drs. HERNODI et VEGH, dans leurs multiples conférences, soutiennent la même théorie sur l'origine du cancer provenant de radiations terrestres.

J'aurais pu continuer cette liste lugubre sans fin en citant les observations de médecins de divers pays. Mais je crois que cela suffit pour appuyer l'opinion que ce sont des émanations s'élevant de la terre et ayant rapport, comme on suppose, avec des cours d'eau souterrains, qui présentent la cause principale du déséquilibre cellulaire se manifestant en cancer.

Les radiesthésistes appellent ces émanations s'élevant verticalement de la terre des "ondes nocives."

Ce fait était connu dans l'antiquité. En Chine on les appelait "Les dents du dragon" et avant de construire une maison on étudiait très scrupuleusement le terrain pour savoir s'il n'était pas contaminé. En Egypte ancienne on faisait également une inspection minutieuse de l'emplacement proposé pour une construction. Les Etrusques, l'antique Rome connaissaient aussi ces radiations nocives et prenaient des précautions.

Il a été constaté que les oiseaux évitent de faire leurs nids sur des maisons bâties sur une onde nocive. Les animaux sont en général plus sensibles que l'homme aux rayonnements radiesthésiques et s'éloignent d'un endroit qui est sous l'action d'un tel rayon. Des expériences de M.G. Discry sur des souris soumises à l'action d'un rayon nocif confirment ce fait. Un rayon a été dirigé sur une partie de la caisse contenant des souris. On les voyait bientôt s'agiter et transporter leurs nids dans la partie de la caisse qui n'était pas sous l'influence du rayon. On les soumettait de nouveau à son action et le même effet se répétait, et cela à plusieurs reprises. Il était clair que les souris distinguaient très nettement les endroits contaminés de ceux qui ne l'étaient pas.

Le rayon nocif monte verticalement de la terre en hauteur; ceci a été constaté et prouvé par le Dr. Machts (étude du Dr. Rambeau sur les travaux du Dr. Machts et du Baron de Pohl). En volant à une grande altitude il a pu distinguer des maisons à cancer.

Mais il est temps de s'arrêter et de tâcher de mettre en ordre tout cet amas d'observations pour en tirer des conclusions.

Qu'est-ce au fond qu'un rayon nocif et qu'elle est son action sur un être vivant ?

Comme je l'avais expliqué dans les "Premiers Pas" la cellule vivante vibre d'une façon particulière pour chaque personne et le régime de cette vibration constitue l'individualité (couleur) de la personne. J'ai dit aussi que l'homme, comme un récepteur de T.S.F. reçoit différentes vibrations provenant de son entourage tant animé qu'inanimé. Ces vibrations étrangères étant en général assez faibles, le "poste récepteur" de l'homme s'adapte sans difficulté à leur régime. Mais il existe des vibrations d'un autre ordre, "d'un voltage supérieur", si on me permet de faire cette comparaison. Ces vibrations renversent le régime normal de la cellule et agissent de façon à créer un dérangement qui amène à la longue ce développement chaotique de la cellule dont il a été question plus haut.

Afin de mieux comprendre revenons à la comparaison déjà faite de l'homme et de l'appareil de T.S.F. Supposez que votre poste soit construit pour un voltage de 100 VT. Qu'arrivera-t-il si vous le couplez à un voltage supérieur ? Les lampes qui constituent sa partie essentielle seront brûlées et le poste ne fonctionnera plus, mourra, pour ainsi dire. Ceci peut arriver soit instantanément soit à la longue, cela dépend de la différence plus ou moins grande des voltages. Si p.e. vous couplez votre appareil de 100 VT. à un circuit de 200 VT. les lampes brûleront instantanément. Mais si le voltage du courant n'est que de 120 VT., la détérioration des lampes se produira plus ou moins lentement.

Entre le "voltage" du rayon nocif et celui de la cellule humaine il n'y a pas une très forte différence, et c'est pour cela que le mal causé par cette vibration évolue lentement et prend souvent des années pour se développer et affecter l'homme. Dans les cas de maisons à cancer il a été observé que pour contracter cette terrible maladie les habitants devaient y séjourner longtemps (15-20 ans).

Y a-t-il possibilité d'habituer son organisme à la vibration du rayon nocif ? L'observation qui suit semble répondre à cette question.

La ville de Memphis en Amérique est construite sur une forte émanation du rayon cancéreux, provenant des eaux souterraines, mais fait extraordinaire, la statistique prouve qu'il n'y a pas de cas de cancer parmi les habitants y ayant séjourné toute leur vie. Par contre tous les cas de cancer qui y ont été enrégistrés concernaient des étrangers venus s'y installer, donc qui n'étaient pas nés dans cette ville. Comment expliquer ce phénomène étrange qui semble bouleverser tout ce qui avait été dit au sujet des rayons nocifs ? La seule explication que je puis donner et qui me semble bien répondre à la question, c'est que l'eau potable desservant la ville est prise notamment du courant d'eau émettant les vibrations cancéreuses. Ainsi les habitants de la ville, en consommant cette eau contaminée depuis leur enfance se font, pour ainsi dire, inoculer le virus, ou en d'autres termes habituent graduellement leurs cellules à la vibration nocive (à laquelle leur régime vibratoire s'adapte) et ils s'immunisent ainsi contre le mal.

Il a été observé que le rayon nocif affecte non seulement des êtres humains, mais aussi des animaux et des plantes.

Les travaux de G. LAKHOVSKY sur le cancer des géraniums semblent avoir prouvé ceci. En outre M.G.

Discry propose le procédé suivant de détection de la présence d'un rayon nocif. Selon lui il suffit de placer à différents endroits du rez-de-chaussée de la maison où l'on suppose la présence de rayon nocif quelques feuilles de fougère mâle (Nephrodium felix mas). "Vous placerez ces feuilles dans des vases remplis d'eau en différents endroits de la pièce et vous constaterez ce qui suit: Après 24 heures les feuilles qui auront séjourné sur le champ nocif seront entièrement grillées et n'auront pas consommé d'eau; par contre celles qui n'auront pas été placées sur le champ, seront toujours aussi vertes comme si vous veniez de les placer et auront absorbé une assez grande quantité d'eau."

Des lapins et des souris en état de gestation ayant été soumises longuement à l'action du rayon de cancer mettaient bas des morts-nés, et au bout de 2-3 mois contractaient eux-mêmes le cancer.

Toutes ces expériences confirment notre point de vue sur l'origine du mal qui est précisément le dérangement de la vibration cellulaire normale par l'intervention d'une forte vibration d'un régime différent (de voltage supérieur).

Y a-t-il moyen de se protéger de ce rayonnement dangereux? Certes, oui. Avant tout, dès qu'on constate la présence dans la maison du rayonnement cancéreux, il faut prendre des mesures sans retard. Le mieux est de quitter la maison contaminée. Si cela est impossible il faut bien définir l'endroit exact du rayon nocif dans la maison.

Si une seule pièce est contaminée, mieux vaudrait ne pas l'utiliser et en tous cas n'en faire ni une chambre à coucher ni un bureau où l'on soit obligé de passer de longues heures. Si l'on n'a pas le choix, il faut au moins que ni le lit ni la table de travail ne soient placés au-dessus du rayon. Il est rare qu'un rayon nocif ait une grande épaisseur. Sa direction est toujours verticale et la section horizontale (l'épaisseur du rayon) ne dépasse pas ordinairement 25 à 30 cm. Il est très rare que le rayonnement soit d'une largeur telle qu'il couvrirait toute la superficie de la bâtisse. Mais, si tel était le cas, il n'y aurait qu'à quitter la maison.

Il existe nombre de dispositifs dont les inventeurs vantent le pouvoir d'arrêter ou de détourner le rayon nocif. Mais l'efficacité de ces appareils est très contestable et en tout cas, s'ils réussissent momentanément à arrêter le rayon, cela ne dure pas et à la longue il pénétrera à travers l'obstacle ou apparaîtra à côté, ayant fait un détour. Les plus efficaces de ces dispositifs semblent être ceux qui sont conçus sur le principe de la cage de Faraday. Des oscillateurs ou des hélicoïdes sont tournés convenablement, c'est-à-dire en tenant compte de la polarité du rayon nocif. Pour paralyser un rayon positif il faut se servir de solénoïdes tournés dans le sens négatif et vice-versa.

Dans ses traitements du cancer des plantes, M. Lakhovsky s'était servi d'oscillateurs qui étaient ainsi conçus: Un fil de cuivre est façonné pour constituer une circonférence. Il doit y avoir un espace de $^1/_2$ à 1 cm. entre les bouts du fil, fendant ainsi la circonférence. Le diamètre varie selon les cas : plus on veut couvrir d'espace, plus l'oscillateur doit être grand.

Placé au-dessus ou même à côté d'une radiation ce genre d'oscillateur l'arrête net.

Le lecteur peut facilement faire une expérience très simple qui lui prouvera l'exactitude de ce que je dis.

Tordez un fil de cuivre (ou de n'importe quelle autre matière) pour former un bracelet, les bouts du fil étant légèrement écartés l'un de l'autre. Comme vous le savez par les "Premiers Pas", votre pendule gire en sens direct au-dessus de la paume de votre main gauche quand il est réglé à votre couleur individuelle. Mais si vous passez le bracelet décrit au poignet, tout mouvement pendulaire s'arrête instantanément, l'oscillateur (que constitue le bracelet fendu) absorbe la vibration. Si vous joignez les bouts du fil et supprimez ainsi la brèche, le pendule se remet à girer.

Une feuille de papier sur laquelle on fait un simple quadrillage à l'encre peut arrêter pour un certain temps le rayon nocif. Cette feuille placée sur le plancher recouvre le rayon. Mais cet arrêt n'est que provisoire et de plus ou moins courte durée : le rayon fera une déviation et paraîtra à côté de la feuille. Il en est de même avec une grille en métal à petites mailles ou une feuille de plomb, employées quelquefois. Les solénoïdes qui servent à faire dévier le rayon nocif et dont il était question plus haut ont cet inconvénient qu'un des bouts est placé dans un récipient contenant des produits chimiques (p.e. un mélange de charbon de bois et de soufre en poudre). Ce mélange doit être renouvelé environ toutes les semaines, sans quoi l'installation perd tout son efficacité.

J'ai eu moi-même des cas ou j'ai réussi à faire dévier le

rayon nocif par ce procédé, mais ordinairement les personnes intéressées oublient de renouveler le mélange chimique et la protection devient nulle.

Voici un cas intéressant que j'extrais de mes dossiers et qui confirme ce qui a été dit sur l'origine du cancer provenant du rayon nocif.

Une dame s'adressa à moi en dernier ressort. Elle souffrait depuis cinq ans de troubles de la digestion qui s'aggravaient de plus en plus. Il y avait hypertrophie du foie et de la rate et accumulation de gaz qui ne pouvaient être évacués d'aucune façon et faisaient pression, provoquant des douleurs internes. Elle avait beaucoup maigri, mais son ventre, disait-elle, était "comme celui d'une femme au dernier stade de grossesse". Elle avait en outre une forte leucémie (120.000 glob. blancs). Les médecins s'étaient prononcés pour le "cancer du sang" et lui donnaient un mois à vivre.

L'auscultation radiesthésique sur planches anatomiques très détaillées montra une tumeur cancéreuse entre la rate et le rein gauche.

Le cas étant trop avancé et les dégats irréparables, j'ai concentré le travail afin de soulager les dernières semaines de sa vie.

Après deux semaines de traitement sur témoin, je reçus d'elle une lettre dont voici un extrait: "Voilà une semaine que toutes les douleurs ont complètement disparu et j'ai même oublié que j'avais souffert ... Concernant le ballonnement du ventre je ne puis pas dire que ceci ait complètement disparu, mais ici aussi cela va mieux sans aucune comparaison et les gaz, qu'on ne pouvait évacuer par aucun moyen, sortent d'eux-mêmes maintenant et ne me causent plus de souffrances, l'estomac travaille sans laxatif ..."

J'ai réussi à la maintenir dans cet état pour cinq mois environ et elle s'est éteinte tranquillement et sans douleur, de faiblesse, le cœur étant trop fatigué.

J'ai reçu une lettre de son mari dans laquelle il me priait de le soigner, son médecin lui ayant dit qu'il avait "quelque chose dans la prostate". Il m'envoyait les témoins nécessaires. L'auscultation sur planches anatomiques montra qu'il avait une petite tumeur cancéreuse du côté droit de la prostate. Heureusement la maladie était à son début et il y avait toute raison de croire à une prompte guérison. Je le priai de me faire parvenir le plan de son habitation et surtout de la chambre à coucher avec l'emplacement exact du lit. Comme on pouvait le supposer il y avait un rayon-cancer juste au milieu du lit, ce qui explique les organes où la maladie s'était manifestée chez les deux époux, notamment à peu près au milieu du corps (rein pour la femme, prostate pour le mari). Ils avaient habité cet appartement sans changer la place du lit depuis 19 ans et la maison se trouve précisément dans la zone délimitée par les lignes parallèles (à Paris, XVme Ar.) dont il a été question plus haut.

Les statistiques indiquent l'augmentation du cancer dans différents pays. Certains expliquent ceci par le fait que de nos jours les services sanitaires des pays civilisés sont mieux organisés et ainsi les cas qui jadis échappaient au contrôle et à la statistique sont actuellement tous enregistrés.

Je ne pense pas que cela soit la seule raison de l'accroissement apparent de ce mal. Il me semble qu'outre un meilleur contrôle sanitaire des raisons de décès, ce qui donne des chiffres en hausse graduelle, il y a un accroissement réel de cette maladie et que cet accroissement est dû précisément à la civilisation.

Je m'explique: Comme il a été démontré, l'opinion de plus en plus générale semble attribuer le cancer à l'influence des radiations telluriques et notamment celles montant verticalement des cours d'eau souterrains. Une des premières choses dont les pays civilisés se préoccupent, c'est d'amener l'eau dans les maisons d'habitation et d'installer des égouts. Il se forme ainsi dans les maisons mêmes des courants presque continuels d'eau et des poches où s'accumule l'eau stagnante.

De ces observations des maisons à cancer j'ai pu déduire que dans la plupart des cas le rayon nocif semble être lié d'une certaine façon avec les égouts. Dans la majorité des cas les pièces qui sont affectées sont celles qui sont adjacentes aux cours intérieures dans lesquelles sont concentrés les conduits d'écoulement. Ou bien ce sont les pièces sur les murs desquelles passent des tuyaux à eau ou à écoulement.

J'ai exposé le rôle des prises électriques qui amènent avec le courant les rayons radiesthésiques. Ceux-ci semblent se servir du courant électrique comme d'ondes porteuses.

Voici un cas intéressant que j'ai eu l'occasion d'observer: Dans une pièce d'une maison habitée par des gens très aisés il y avait constamment une odeur excessivement désagréable. Ni les fumigations ni les parfums ne pouvaient la combattre. Pensant que peut-être un rat était mort sous le plancher le propriétaire fit lever tout le parquet, mais on ne trouva rien et l'odeur persistait toujours. Un jour, au cours d'une conversation, le propriétaire se plaignit de ce phénomène qui le contrariait à tel point qu'il dut fermer la pièce. Ceci m'intéressa et je me portai sur place pour essayer de résoudre ce problème.

L'auscultation montra qu'il y avait un point presque au milieu de la pièce où se formait un rayonnement malfaisant et c'est en cet endroit précisément que l'odeur était la plus forte. Il y avait trois prises électriques dans la pièce, toutes à ras du plancher. Si on traçait des lignes partant de chacune des prises, leur intersection tombait juste à l'endroit indiqué par le pendule. Quand deux des prises furent supprimées toute odeur disparut et le pendule ne détecta plus la présence du rayon nocif.

Ces exemples pris parmi beaucoup d'autres du même genre semblent confirmer que c'est le confort moderne dû à notre civilisation qui est à blâmer, en tout cas en partie, pour l'accroissement des cas de cancer enregistrés dans les pays civilisés.

Le lecteur se moquera problablement de moi si je dis qu'on était peut-être plus heureux et plus sain quand on allait chercher son eau au puits et que le soir on allumait sa modeste chandelle.

CHAPITRE II.

DIFFÉRENTES MÉTHODES EMPLOYÉES PAR LA MÉDECINE POUR COMBATTRE LE CANCER

Si on ouvre le Larousse Médical au mot cancer, on lit : "actuellement le traitement médical du cancer est un mythe" ... Cet aveu du moins est honnête, mais n'est encourageant ni pour le patient qui souffre sans aucun espoir d'être guéri, ni pour le médecin consciencieux qui sait d'emblée que la science, qu'il sert, reconnaît elle-même son impuissance.

Les seuls moyens que possède la médecine officielle sont: l'ablation chirurgicale, la radiothéraphie et la radiumthérapie; mais la condition essentielle pour que des succès soient enregistrés au crédit d'un de ces moyens est une intervention faite le plus tôt possible. Si le cancer a gagné du terrain et si une affection primitivement locale a envahi tout le corps par le système lymphatique et sanguin, aucun de ces moyens ne peut plus l'arrêter et il reste au médecin le seul soin d'apaiser les souffrances du patient par des narcotiques en augmentant de plus en plus les doses.

Examinons rapidement ces trois possibilités de la médecine officielle :

L'ABLATION CHIRURGICALE pour être efficace doit être

faite au début du mal, lorsque la tumeur est pour ainsi dire localisée et n'a pas encore envoyé ses tentacules à distance dans les ganglions lymphatiques. L'opération doit, en outre, être large afin de détruire toutes les cellules contaminées qui auraient pu se détacher du foyer et former des groupes autour de lui. Ainsi, pour augmenter les chances de succès le chirurgien préférera-t-il souvent une opération mutilante, ou refusera d'opérer en général s'il juge que le mal est allé trop loin. Beaucoup de vies ont été prolongées grâce à l'intervention chirurgicale précoce, mais, comme dit le Prof. Verneuil: "l'ablation ne détruit pas l'état constitutionnel sous l'influence duquel les néoplasies se produisent".

LA RADIOTHÉRAPIE. On crut tout d'abord que les rayons X détruisaient uniquement les cellules atteintes sans toucher les cellules saines. On pensa qu'on avait enfin trouvé le remède réellement efficace et capable d'arrêter le mal sans mutiler le patient en lui enlevant des parties saines du corps. Mais cette opinion ne fut pas confirmée par la pratique. Au contraire, très vite on se rendit compte que toutes les cellules saines ou malades sont également sensibles aux rayons X. Ces rayons, agissant sur les cellules saines de la même manière que les rayons nocifs, causaient des perturbations à leur régime vibratoire et provoquaient ainsi le développement néoplasique. C'est ce qu'on appelle généralement des métastases. Le remède devenait, donc, pire que le mal. "Combien de cancéreux sont morts" dit le Dr. MAURY, "non pas du fait de leur mal, mais des conséquences néfastes imputables à des irradiations trop brutalement appliquées".

La Radiumthérapie. La découverte des Curies provoqua à son tour de nouvelles espérances: on crut avoir enfin trouvé la panacée qui allait libérer l'humanité du cancer. Telle fut la réclame tapageuse de la presse, qui cherche avidement tout prétexte pour faire sensation. Mais, hélas, l'espoir allumé ainsi dans les cœurs des pauvres martyrs ne fut que de courte durée. Les effets provenant de l'application des tubes de radium s'avérèrent à leur tour de nature trop destructive: si la cellule cancéreuse était détruite, la cellule saine n'était pas épargnée. Comme le lecteur le sait, le radium dégage trois sortes de rayons: alpha, béta et gamma. Les rayons alpha sont de polarité positive et leur pouvoir de pénétration est assez faible. Les rayons béta sont négatifs et traversent une plaque de plomb de 1,5 m/m d'épaisseur. Enfin les rayons gamma, définis comme "rayons durs" sont plus ou moins analogues aux rayons X mais ont une longueur d'onde plus courte. Leur pouvoir de pénétration est considérable: ils pénètrent à travers 10 cm. de plomb. Ainsi ils percent sans difficulté tout le corps en causant des dégats le long de leur passage.

La vibration Gamma cause la radiodermite — ulcération profonde et rebelle. On peut dire la même chose des rayons X qui provoquent souvent des phénomènes karykinéthiques. Il est impossible, par les moyens généralement connus, de séparer ces trois vibrations l'une de l'autre pour obtenir un rayon pur, ni d'en faire un dosage qui diminuerait leur effet destructif.

A la fin de ce livre je reviendrai sur cette question et ferai quelques suggestions de procédés qui me semblent possibles pour maîtriser et filtrer le rayonnement du radium en le rendant uniquement curatif.

Voilà donc les trois moyens dont dispose actuellement la médecine officielle. Il arrive parfois qu'un de ces moyens employés à temps obtienne du succès, mais malheureusement le pourcentage des succès est minime. Et en tout cas les malades ne présentent guère de longues survies à la suite de ces thérapeutiques.

Passons maintenant en revue d'autres méthodes qui ont été proposées par divers savants et sur lesquelles des expériences se poursuivent dans différents pays.

LA DIATHERMIE consiste dans l'emploi de courants de haute fréquence. Ils ne détruisent pas la cellule saine et donnent parfois de bons résultats dans les cas de cancer superficiel, mais ces courants ne peuvent pénétrer profondément et atteindre les organes affectés.

Ils sont donc impuissants dans tous les cas de néoplasies internes.

LES OSCILLATEURS DE LAKHOVSKY. Il existe deux genres d'oscillateurs, l'un à onde simple et l'autre à ondes multiples. Le premier a été décrit dans la première partie de ce livre et c'est précisément avec ce genre d'oscillateur que l'éminent savant a pu obtenir de si beaux résultats dans ses traitements de cancer des géraniums. L'oscillateur à ondes multiples consiste en 11 cercles concentriques en fil de cuivre isolés l'un de l'autre, chaque cercle étant fendu (comme celui à onde simple). Cette armature est montée sur un support ajustable et résonne au courant de haute fréquence. Etant donné que l'appareil émet simultanément un grand nombre d'ondes de différentes fréquences, la cellule malade, d'après l'inventeur, peut choisir parmi ces ondes celle qui lui convient afin de rétablir son équilibre normal.

M. Lakhovsky a obtenu au moyen de cet appareil des cures très remarquables, mais seulement dans les cas où la tumeur était superficielle. Une tumeur profonde affectant un organe interne ne se prête pas à ce genre de traitement, car l'onde venant de l'oscillateur ne possède pas de force de pénétration.

Dans le chapitre suivant je reviendrai sur cet appareil très intéressant, et j'exposerai comment cette idée d'oscillateur avec certains changements a pû être adaptée à l'émission de rayons radiesthésiques sélectionnés.

SYNTONITHERAPIE DU DR. REGNAULT. On cherche soit le rythme destructeur du processus néoplasique, soit le rythme personnel du malade en le renforçant par des ondes harmoniques.

L'idée de ce traitement est très intéressante et s'approche sensiblement de celle qui est à la base de ma théorie. Malheureusement je ne possède pas suffisamment de faits pour pouvoir juger de l'efficacité de ce traitement.

ELECTRONOTHERAPIE DU DR. ABRAMS. est conçue sur l'idée d'un vibrateur oscilloclaste qui, d'après l'inventeur, permet de trouver le courant électrique capable de neutraliser l'affection. Il y a eu beaucoup de controverses au sujet de cet appareil et les cas de guérison de cancer soi-disant enregistrés n'ont pas été suffisamment contrôlés. Il est donc très difficile de s'en faire une opinion juste.

Il est utile de mentionner ici l'opinion du Dr. LEPRINCE concernant l'emploi d'appareils électriques dans le traitement du cancer: "Le courant qui par son voltage, son intensité et sa polarité ramène à la normale les radiations déviées du malade est le seul capable de guérir ce malade en redonnant à l'organisme l'énergie vitale qui lui fait défaut pour triompher du mal".

L'HOMEOPATHIE ne pouvait pas naturellement rester en dehors des recherches de cure pour le cancer. Des formules furent proposées par les abbés BOURDOUX, BOULE, le Dr. NEHEL de Lausanne, M. G. DISCRY de Belgique. Chacun affirme avoir trouvé une médication syntonisée qui lui a donné des résultats satisfaisants dans nombre de cas. N'étant pas moi-même homéopathe je ne puis me prononcer avec compétence, mais il me semble, étant donné l'origine du cancer, qu'aucun médicament ni allopathique ni homéopathique n'est capable de le combattre. Les rayonnements des produits chimiques ne sont pas suffisamment puissants pour détruire la néoplasie et rétablir la vibration normale de la cellule.

La même remarque se rapporte à la métallothérapie qui dans nombre d'affections donne d'excellents résultats, mais n'est pas efficace en cas de néoplasie. Je ne puis laisser sans mention les *Badigeonnages colorés* au moyen desquelles le Dr. REGNAULT affirme avoir obtenu parfois des cures de cancer.

Le Dr. BOBEAU travaille depuis de longues années sur le *venin du cobra* qu'il considère, après une certaine préparation, comme un facteur puissant pour combattre le cancer. Des recherches dans cette voie furent poursuivies dans les Facultés de Médecine de Paris, de Bruxelles et à l'Institut Pasteur. Il y eut parfois des succès, mais rien de décisif. On ne pouvait prétendre avoir trouvé le remède. Le Dr. MAURY considère le *venin d'abeille* provoquant des crises rhumatismales, comme un traitement possible dans certains cas de cancer.

Les dernières recherches de la médecine officielle sont orientées sur L'HORMONOTHÉRAPIE, c'est-à-dire sur les extraits des glandes endocrines. Le Dr. DUMORET p.e. considère l'insuffisance des glandes hypophyse et pinéale comme étant à la base de toute formation néoplasique. D'après le Dr. LIFCHITS certains cancers peuvent être arrêtés, sinon guéris, par l'administration d'hormones de la glande correspondante contraire: "Un cancer de la prostate peut être arrêté par des hormones femelles et un cancer du sein par des hormones mâles."

Cette théorie est encore trop récente pour qu'on puisse juger, d'après les résultats, de son efficacité. Quelques cas de guérisons ou d'améliorations ne sont pas suffisants pour se prononcer et se former une opinion. En tout cas il me semble que le travail sur les glandes endocrines peut être utile dans le traitement du cancer comme moyen de reconstituer les cellules ravagées, mais l'hormonothérapie seule n'est pas en mesure de détruire la cellule néoplasique. Il faut pour cela l'intervention d'une vibration assez puissante pour arrêter l'état chaotique des cellules affectées.

Il en est de même à la guerre; c'est l'artillerie lourde, les tanks et les bombardiers qui détruisent les défenses de l'ennemi, et ce n'est qu'après que vient l'infanterie pour occuper le terrain saccagé. Et puisque nous parlons de bombardiers, voici la toute dernière théorie ayant rapport à la bombe atomique et qui nous vient naturellement d'Amérique. Je veux parler du *traitement par les isotopes*, c'est-à-dire par des produits radioactifs.

L'idée de l'emploi de ces produits est peut-être bonne en elle-même et pourrait être le début du dosage du radium dont j'ai parlé plus haut, mais il est encore trop tôt pour pouvoir en juger. J'ai eu connaissance de cas traités par les isotopes, le résultat n'était pas celui attendu.

Voilà donc un court aperçu d'à peu près tous les principes qui sont à la base des théories et des expériences de traitement du cancer, lesquelles sont poursuivies dans le monde entier. Que pouvons-nous déduire de tout cet amas de données ? et quelles sont les conclusions que nous pouvons en tirer ?

Avant tout la condition sine qua non du succès par n'importe lequel de ces moyens, condition généralement reconnue, reste toujours le diagnostic précis. Tant que le mal présente une affection locale et n'a pas pris racine et envahi l'organisme, une ablation complète de la tumeur peut sauver le patient. Comme aussi les applications des rayons X, ou diathermiques, du radium, ou de l'oscillothérapie réussissent dans les cas de cancer superficiel, d'épithéliomas, mais ne sont pas utiles et au contraire certaines vibrations (comme p.e. les rayons X et le radium) sont même nuisibles dans les néoplasies profondes des organes, car ils détruisent les cellules saines en même temps que les cellules affectées.

La médecine officielle possède-t-elle un moyen pour déterminer un cancer à son début ? Nous sommes obligés de reconnaître qu'elle n'en possède aucun. Certains signes tels que p.e. des ulcérations du sein, des pertes de sang sans raison apparente, des troubles digestifs continuels, des ulcérations de la langue etc... sont des avertissements qui font supposer au médecin la présence du cancer.

Des fibromes, des tumeurs obstruant des organes et que le médecin peut sentir en auscultant le malade sont également et à plus forte raison des indications qui font craindre une formation néoplasique. Mais tout ceci ne permet au médecin que la *supposition* : une tumeur peut être bénigne aussi bien que maligne. Seul le microscope peut résoudre cette question et il faut alors faire une laparotomie pour pouvoir obtenir le tissu nécessaire à l'observation microscopique.

Très souvent l'intervention du bistouri agit de façon à faire accélérer la propagation du cancer. Et c'est pour cette raison qu'on a recours à ce moyen mais seulement dans des cas où l'opération est jugée inévitable.

Je répète donc que l'essentiel pour avoir le plus de chances de succès dans le traitement du cancer est de faire un diagnostic précoce. Dans le monde entier des savants de toutes les nationalités sont en train de chercher des symptômes pouvant indiquer la présence d'une formation néoplasique.

Un des derniers procédés, qui vient d'Amérique et qui a fait l'objet d'un rapport aux laboratoires de la bombe atomique à Oak Ridge, consiste à introduire dans l'organisme des isotopes (p.e. du phosphore ou de l'iode radio-actif) et de suivre au moyen d'un instrument spécial (le compteur de Geiger) le passage de l'isotope dans les veines et son absorption par les tissus. Il a été observé que p.e. dans le cancer du sein l'absorption se produit à une plus grande vitesse dans les parties affectées que dans le tissu sain. Tout ceci est encore dans la phase expérimentale et rien de décisif ne peut encore en être déduit. J'ai tenu à donner cette nouvelle forme de détection de la maladie seulement à titre documentaire.

La radiesthésie elle aussi est en train de participer aux recherches de moyens de détection du cancer. Le Dr. Roux de Vichy qui pratique la radiesthésie depuis une vingtaine d'années, pense avoir trouvé "le signe du cancer".

Laissons lui la parole: (Vérité sur le diagnostic radiesthésique médical) "connaissant la nature des lésions dont étaient atteints deux malades, je cherchai à confirmer le diagnostic clinique par le diagnostic télé-radiesthésique... Or pour l'un comme pour l'autre j'obtiens d'abord quelques girations positives, puis des girations négatives séparées les unes des autres par des oscillations et ainsi de suite. Dérouté par ces réactions pendulaires auxquelles je ne comprenais rien, je laissai là cette expérience..." Il alla donc consulter M. TURENNE qui confirma que toutes les fois qu'il constaterait ces réactions du pendule chez les malades il pouvait penser au cancer. Ayant constaté les mêmes mouvements pendulaires dans des cas similaires, voici l'explication qu'il donne de ce phénomène: "Le cancer étant une prolifération de cellules malades greffées sur des cellules normales auxquelles elles semblent intimement unies, les réactions pendulaires au niveau de l'organe affecté sont celles des cellules normales (positives) et celles des cellules malades (négatives)".

Cette observation de l'éminent docteur a la plus

grande importance pour moi, car ceci s'approche des découvertes que j'ai faites et qui m'ont permis dans de nombreux cas de détecter le cancer à son début et de pouvoir ainsi le maîtriser sans aucune difficulté.

Si le Dr. Roux s'était servi dans ses recherches d'un des P.U. de Chaumery et belizal (soit sphérique à anse ou bien à cône réglable) il aurait obtenu pour le cancer la giration positive sur l'onde V-. Ceci a besoin d'explications. Comme le lecteur se rappelle ce que j'ai dit à ce sujet dans les "Premiers Pas": le Vert négatif se trouve sur la sphère au pôle sud diamétralement opposé au Vert du spectre et entre le Blanc et le Noir. Ceci est la raison pour laquelle certains radiesthésistes l'appellent Gris (mélange du Blanc et du Noir). Mais il me semble plus exact d'approcher cette question d'un autre point de vue: le Vert négatif est entre l'onde la plus courte (plus courte que les ultra-violet) et la plus longue (plus longue que les infra-rouge) ou encore entre le secteur des vibrations négatives et celui des vibrations positives.

Donc il est pour ainsi dire le lien et en même temps la différenciation entre ces deux polarités opposées, dont il emprunte à chacune sa particularité caractéristique. Rôle qui dans la Cabbale hébraïque est joué par la lettre mystérieuse Vau — "Union-séparation". Dans les Pa-Koua chinois les huit signes formant le cercle qui entoure le Yn-Yang correspondent aux huit couleurs: sept celles du spectre visible et la huitième qui présente simultanément un faisceau composé du blanc, du noir et du Vert négatif. Ainsi dans la représentation chinoise tout le spectre des couleurs invisibles est condensé en un seul signe qui contient notamment le principe *positif* (celui de l'être), le principe *négatif* (celui du non-être) et le principe *équilibrant* entre ces deux opposés. Je m'excuse auprès du lecteur de devoir aborder un sujet qui semble dépasser le cadre du présent ouvrage. Mais il m'est difficile d'expliquer les extraordinaires facultés de cette vibration mystérique, que nous appelons le Vert Négatif, sans avoir à plonger dans le transcendant.

"La science d'aujourd'hui est obligée de renouer avec la Tradition", dit très justement le Dr. MAURY.

Dans l'enseignement des initiés de l'ancienne Egypte, le premier acte du Créateur qui déclenche toute la création fut son dédoublement en deux principes opposés parfaitement équilibrés l'un par rapport à l'autre. Ces deux pôles sont dénommés l'un "l'infiniment Grand" et l'autre "l'infiniment petit" et tout ce qui fut créé existe entre ces deux limites.

Le Vert Négatif est placé là où se rencontrent ces deux vibrations incompatibles et constitue notamment leur point équilibrant.

Il n'est pas étonnant que les anciennes civilisations attribuaient à cette onde des facultés surnaturelles et s'en servaient dans des buts mystérieux. Nous avons pu constater que ce que nous appelons le Vert négatif diffère de toutes les autres ondes et qu'il possède des pouvoirs extraordinaires (p.e. dessèchement de la chair) ainsi qu'une force et une portée de beaucoup supérieures à celles de toute autre onde. Je dois préciser que ce que nous trouvons sur le P.U. au pôle Sud n'est pas une vibration unique, mais un *faisceau de vibrations* de différentes longueurs d'onde que j'apellerai pour être plus exact: "le faisceau du Vert négatif". Dans ce faisceau entrent de nombreuses vibrations qui résonnent l'une au cancer, une autre à la tuberculose, d'autres à d'autres états graves. Les Pendules Universels que j'ai décrits dans les "Premiers Pas" ne sont pas suffisamment précis pour permettre de distinguer tous ces rayons. Il faut pour cela d'autres instruments plus délicats. Mais en tout cas le radiesthésiste peut se servir du faisceau du vert négatif dont la résonnance dans l'auscultation servira à lui indiquer qu'il s'agit d'une affection grave, *peut-être* le cancer.

CHAPITRE III.

LE RAYON PI

De tout temps, les Pyramides d'Egypte ont attiré la curiosité et l'admiration des peuples du monde entier. On venait de loin les contempler et depuis les époques les plus éloignées on se demandait ce que pouvaient représenter ces formes colossales et rigides "qui avalaient leur propre ombre." Les premiers "touristes" grecs visitant l'Egypte avant notre ère, décrivaient leur orientation établie exactement d'après les points cardinaux. Le mystère semblait entourer ces prismes énormes. Naturellement ceci, se disaient-ils, avait de l'importance et une certaine signification. On se demandait quel message les constructeurs de ces édifices géants avaient voulu conserver pour l'éternité et transmettre aux générations qui viendraient. C'est ainsi que les Pyramides sont classées parmi les 7 merveilles du monde. Hérodote essaya de soulever un coin du voile enveloppant le mystère de la Pyramide (la Grande Pyramide de Guizeh dont la construction est assignée à Khéops) mais ce qu'il en dit est très vague et intentionnellement occulte. Il prétend avoir reçu des révélations, mais qu'à ce sujet "sa bouche est scellée". On peut déduire de ses allusions que des mystères ayant rapport au culte se célébraient tant autour, que dans la Pyramide même. Mais nous ne pouvons savoir s'il y a assisté lui-même ou si des initiés lui en avaient donné des explications en le vouant au secret.

Les textes de la Bible parlent à plusieurs reprises de la Pyramide comme de "l'Autel érigé à Dieu au milieu du pays d'Egypte, qui servira de signe et de témoignage de Dieu" (Isaïe XIX, 19-20) "Dieu plaça des signes et des merveilles au pays d'Egypte même jusqu'à ce jour". (Jérémie XXXII, 20). Il est clair que "l'autel érigé à Dieu au milieu du pays d'Egypte" concerne précisément la Grande Pyramide de Guizeh tronquée, dont la pierre qui devait couronner le sommet (le pyramidion ou le ben-ben) *n'avait jamais été mise en place par les constructeurs.* Pourquoi ? se demandera-t-on. Y eut-il une erreur dans la taille de cette pierre qui ne s'adaptait pas exactement à la bâtisse ? Ceci semble être confirmé par le passage du psaume: "La pierre que les constructeurs rejetèrent" (Ps. 118, 22). Ou bien fut-ce fait avec intention afin de montrer que cet édifice attendait son sommet symbolique, son couronnement spirituel. "La pierre que les constructeurs rejetèrent, elle-même devint le sommet de l'angle." (Matthieu XXI, 42). Cette supposition me semble la plus exacte et conforme aux Écritures. Dans sa prophétie concernant l'avènement du Christ le prophète dit: "Et Il fera paraître la pierre terminale ..." (Zacharie "IV, 7). "Vous êtes bâtis sur la fondation des apôtres et "des prophètes, Jésus Lui-même étant le Maître et *la* "*pierre angulaire qui termine toute la bâtisse* jointe ensemble "afin de constituer un temple consacré à Dieu" (Ephès II, 19-21), précise l'apôtre.

J'aurais pu citer encore nombre de textes qui traitent

de la Grande Pyramide, mais je crois que ces quelques passages suffisent. Le lecteur ne sait probablement pas que le plus ancien culte des initiés d'Egypte conservé à l'école d'initiation d'Héliopolis (ON, d'après la nomination de la Bible) était notamment celui du Logos — *Verbe Créateur* qui déclencha (nomma) toute la Création. Le Ier chapitre de l'Evangile de St. Jean "Au commencement fut le Verbe ..." est reproduit presque mot à mot dans le texte d'enseignement héliopolitain, se rapportant à la création par le Verbe. Je ne puis pas entrer ici dans plus de détails sur ce sujet et je renvoie le lecteur qui s'y intéresserait à mon livre sur les "Origines de la Genèse". Il y trouvera toutes les explications basées sur les textes originaux. Ce que je voulais signaler par cette courte incursion dans l'antiquité, c'est le rôle tout spécial et de la plus grande importance qui fut attribué de tout temps à la Grande Pyramide, rôle qui la met tout à fait à part de tout autre monument de l'ancienne Egypte. Les révélations d'ordre astronomique que nous en tirons sont suffisantes pour comprendre que ce monument avait été conçu et bâti afin de conserver pour l'éternité les acquisitions du savoir qu'avait atteint l'homme, ou, peut-être, qui lui avait été révélé dès le commencement. La forme même de la pyramide, en laissant de côté ses significations symboliques, a été conçue de façon à résister à tout cataclysme: tremblement de terre ou autre, afin de conserver son message intact jusqu'à la fin pour ceux qui seraient dignes de le comprendre.

Puisque ce livre concerne les radiations des formes, voyons quelle révélation nous pouvons tirer à ce sujet de la Grande Pyramide du point de vue de la radiesthésie.

Je crois que ce sont Chaumery et Bélizal qui les premiers ont publié dans leur ouvrage leurs observations sur le rôle de la Grande Pyramide en tant que station émettrice d'ondes pouvant être captées à de grandes distances. Ils découvrirent que l'axe vertical de la Pyramide descendant du sommet perpendiculairement sur la base donnait au sommet le rayon vert du spectre, et à la base le vert négatif, tout comme la sphère aux points cardinaux de son axe N-S. Etant donné la masse énorme de la Pyramide les vibrations radiées de sa forme sont d'une force considérable. Il est donc compréhensible que même à une très grande distance on pouvait capter cette onde puissante et ainsi orienter exactement le cours du navire en mer et celui d'une caravane dans le désert. Ceci explique entre autres comment les anciens pouvaient entreprendre de longs voyages en mer sans se servir de boussoles, dont l'usage ne leur était pas connu. A l'intérieur de la Pyramide, au-dessus de la chambre dite "Chambre du roi , il y a une installation formée de quatre éléments rayonnant à leur tour l'onde Vert négatif dirigée sur le sarcophage placé au-dessous. J ai décrit dans un chapitre précédent cet appareil extraordinaire qui n'a autrement aucune nécessité du point de vue architectural. Ce qu'il est important de noter c'est que cet appareil n'est pas dans la ligne de l'axe de la Pyramide, mais est désaxé vers le Sud d'environ 10 mètres. Ceci avait été fait avec intention pour que le sarcophage ne reçoive pas la vibration Vert négatif descendant le long de l'axe et qui pour des raisons que nous ne pouvons que supposer, était considerée comme trop puissante pour le but auquel devait servir le sarcophage. Je m'explique: dans le chapitre traitant des différentes formes radiantes j'ai décrit le rôle d'une batterie formée d'hémisphères ou de pyramides. J'ai dit que le maximum d'éléments constituant une batterie ne devait pas dépasser *quatre* pour que l'onde qui en est dégagée ne devienne pas dangereuse pour un organisme vivant.

Les "mystères" ou rites qui étaient célébrés dans la Grande Pyramide et auxquels fait allusion Hérodote, constituaient la suprême initiation, lorsque l'adepte, ayant subi maintes épreuves (pouvant durer de longues années) devait enfin mourir à la vie matérielle et renaître à la vie spirituelle—tout ceci symboliquement. Il était placé après maintes cérémonies dans le sarcophage sous l'action du rayon qui était celui de la mort et de la vie. La durée du temps qu'il pouvait supporter cette vibration était le signe de son détachement plus ou moins complet de tout ce qu'il y avait en lui de terrestre. Un adepte digne de recevoir l'initiation ne sentait pas de souffrances, tout comme un vrai fakir qui perce son corps de sabres et se fait enterrer en arrêtant pour un certain temps les fonctions de son corps.

Dans un livre sur le Mystère de la vie et de la mort, qui va paraître prochainement, j'explique autant que possible les rites de la Grande Pyramide. Je ne m'y arrête donc pas davantage ici. Ce qui nous intéresse par rapport à l'emploi du Vert Négatif est précisément le fait *qu'on peut s'en servir sans danger si la batterie qui le génère ne dépasse pas quatre éléments.*

Partant de cette notion j'ai fait maintes expériences et j'ai pu observer qu'une batterie formée de 9-11 et plus d'éléments (il est toujours préférable pour ce genre d'expériences de former les batteries de nombres impairs d'éléments) desséchait la chair en brûlant, pour ainsi dire, les cellules et en tuant toute vie microbienne. J'ai pu aussi observer que l'usage de puissantes batteries était dangereux. Le rayon qui s'en dégageait avait une telle force qu'il envahissait presque instantanément toute la pièce et y persistait pendant plusieurs jours après le démontage de la batterie. Des troubles d'ordre tout à fait particulier et très graves se manifestaient chez les personnes qui restaient dans la pièce. Il a donc fallu avant tout trouver un moyen de protection afin de pouvoir poursuivre ces expériences. Je suis parvenu à me protéger moi-même et à localiser la radiation, au moyen d'oscillateurs du type Lakhovsky (à onde simple) et de cages genre Faraday. Ainsi elle ne pouvait se propager dans la pièce et envahir tout l'appartement.

Ceci me permit de continuer mes expériences en augmentant de plus en plus la force des batteries.

Au moyen de ces puissants appareils la dessiccation (que certains auteurs appellent momification) se produisait beaucoup plus rapidement et le desséchement de la cellule était plus complet.

J'eus ainsi l'idée d'essayer l'application du rayon Vert négatif dans des buts curatifs, et notamment pour détruire la cellule néoplasique.

Un cas qui était considéré comme désespéré s'est présenté. Le cancer ayant commencé dans la matrice et l'ovaire droit, s'était propagé dans les intestins et avait envahi une grande partie du colon ascendant ainsi que des parties adjacentes de l'intestin grêle. Le chirurgien ayant ouvert l'abdomen s'aperçut que l'opération était impossible car il aurait fallu enlever une grande partie du système digestif. Il recousut la plaie et se prononça pour un mois de vie tout au plus.

Ayant eu connaissance de mes recherches sur le cancer, les proches de la malade s'adressèrent à moi. Je les avertis que mes déductions étaient d'ordre purement théorique et que je n'avais encore jamais essayé de les mettre en pratique sur un malade. Ils m'ont prié d'essayer quand même puisqu'il n'y avait aucun autre espoir. J'ai ainsi commencé cette expérience très timidement et avec toutes les précautions possibles. J'ai appliqué le système indirect sur témoin que j'ai décrit. J'ai fait le croquis anatomique de l'emplacement exact de la tumeur que j'ai rattaché au témoin sang et soumis à l'action d'une batterie de quatre éléments hémisphériques de 10 cm. de diamètre chacun. Le témoin était constamment sous l'action de l'appareil, et je le sortais plusieurs fois par jour, simplement pour me rendre compte des effets du traitement. Je faisais le contrôle au moyen du biomètre et de la planchette à segments de Naret.

La malade avait souffert le martyre et devait se faire injecter des doses de morphine toujours croissantes. Or elle ressentit au bout de quelques jours une amélioration à tel point sensible qu'elle n'avait plus recours aux narcotiques. Ce fut le premier encouragement qui m'a montré que j'étais sur le bon chemin. La plaie s'était cicatrisée et la malade put quitter l'hôpital. Elle reprit son travail domestique et disait se sentir bien. Elle commença même à sortir, aller au cinéma et à des soirées, bien que je la priais de ne pas exagérer et ne pas se considérer comme guérie. La seconde grande satisfaction fut lorsqu'elle se présenta, au bout de deux mois, à son chirurgien qui fut très étonné de la voir venir et encore plus de constater après auscultation que la tumeur avait diminué de moitié. "Je ne comprends pas comment ceci a pu arriver", lui dit le chirurgien, "mais je dois constater le fait." D'autre part la sage-femme qui l'avait auscultée auparavant confirma ce qu'avait trouvé le chirurgien, et a même pu donner des mensurations en cm., montrant la diminution de la tumeur.

Ces observations absolument impartiales de médecins spécialistes m'encouragèrent. Je me mis à l'œuvre, avec l'espoir non seulement de secourir la malade et d'apaiser ses souffrances, mais peut-être même de pouvoir la guérir.

Très prudemment je renforçai l'appareil en portant la batterie à six éléments, mais la malade s'en ressentit et se plaignit d'éprouver un malaise. Je revins donc aux quatre éléments et en même temps j'ajoutais le traitement homéopathique par Thuya 200 qui semblait donner de bons effets. Mais cela ne dura que 5-6 jours. Il fallut ensuite supprimer le médicament.

Le traitement avait commencé le 26 Janvier, et le 25 Mars—exactement deux mois après son commencement—la malade javait repris 2 kg. 500.

Entretemps j'avais lu, dans un article, que M.G. Discry avait composé une formule homéopathique syntonisée qui lui avait donné un résultat satisfaisant dans un cas similaire au mien. Je me mis en rapport avec lui et lui envoyai le témoin-sang de la malade dans le but de syntoniser un médicament. Très aimablement il m'expédia le médicament qu'il avait trouvé efficace, préparé dans les laboratoires Unda à Liège. Voici la formule de cette préparation qui porte le No 48: Gonolobus, Calendula 3me d., Lycopodium, Sabina 22me d., Aur. 6, P.B. 18me d.

J'ai vérifié ce médicament par rapport à la nature de la malade et il m'a semblé bien syntonisé.

Je continuai mon traitement par rayon et j'ajoutai le médicament mentionné. La malade se sentit de mieux en mieux et sembla oublier qu'elle n'était pas guérie, au point qu'elle recommença à mener sa vie normale. Elle partit l'été au bord de la mer et prit des bains comme si elle se portait tout à fait bien. En automne elle revint chez elle et se sentit toujours bien. Sur mes appareils je pouvais constater que le mal (quoique maîtrisé en ce sens qu'il ne se propageait plus et que même la tumeur s'était sensiblement rétrécie) persistait cependant et je ne parvenais pas à la vaincre définitivement.

J'essayai différents changements et adaptations, mais je ne réussissais pas et je sentais qu'il manquait encore quelque chose que je ne connaissais pas pour mettre le traitement au point.

Le 12 Novembre la malade fit une chute qui secoua tout l'organisme et laissa une profonde cicatrice sur le front. A partir de ce jour il y eut un brusque changement: son état empira. Les chiffres biométriques et angulaires firent un bond. La malade perdait du sang par l'anus avec des lambeaux de tissu d'intestins. L'analyse montra que dans ces déchets il n'y avait plus de cellules de cancer, mais uniquement des cellules mortes. Il était clair pour moi que les parois du colon rongées par le cancer n'avaient pu résister au choc et s'étaient rompues, causant une péritonite dont la malade mourut le 20 Novembre.

Mais ce qui fut consolant et m'encouragea dans mes recherches, c'est que jusqu'à sa mort elle n'a plus souffert de douleurs causées par le cancer et que grâce à mon traitement sa vie fut prolongée de 11 mois.

Le 3 Mars, environ deux mois après le commencement du traitement décrit, une autre malade se présenta. Elle avait subi une opération au sein droit et 80 séances de rayon X. Elle était dans un état pitoyable et je vis de suite qu'elle était condamnée.

Les rayons X avaient ravagé les tissus, elle était couverte de brûlures et les métastases étaient en pleine évolution. J'ai eu toutes les peines du monde pour obtenir une goutte de sang du bout de son doigt. Au lieu de sang elle avait une sorte d'eau gazeuse très faiblement colorée, et enfin quelques petits morceaux coagulés.

Je n'ai pu qu'apaiser ses souffrances, et elle mourut environ un mois après (le 7 Avril) tranquillement, étouffée par les métastases des ganglions lymphatiques du cou.

Ces deux premiers cas me furent d'une grande utilité. J'ai beaucoup appris et les observations continuelles me permirent de perfectionner le traitement à tel point que quelques autres cas qui suivirent purent être non seulement soulagés mais complètement guéris. Il est vrai que ces cas n'étaient pas aussi avancés que les deux premiers. Dans le chapitre suivant je donnerai quelques exemples caractéristiques extraits de mes dossiers. Revenons maintenant au procédé du traitement — modifié au fur et à mesure des nouvelles expériences et tel qu'il est actuellement employé.

Dans le court aperçu des traitements par rayons radiesthésiques en général, j'ai souligné l'importance qu'il y avait à obtenir un rayon absolument pur, dépourvu de toute autre vibration parasitaire. Quand on traite par le moyen le plus simple décrit dans les "Premiers Pas", c'est-à-dire par l'application de pièces d'étoffe de couleur, on choisit la couleur qui rétablit la giration directe du pendule et on l'applique sur la partie malade. C'est la vibration produite par la couleur qui agit seule, d'une façon assez faible pour ne causer aucun dérangement inattendu. Mais si on se sert d'appareils ou de matières radiantes il faut prendre toutes les précautions. Il faut tout d'abrd obtenir *un rayon pur* et ensuite faire un dosage exact qu'on vérifie au moins deux fois par jour.

En étudiant le vert négatif, je me suis rendu compte que ce n'est pas un rayon, mais *un faisceau de rayons* et que ce faisceau est d'autant plus dangereux qu'il est composé de rayons de polarités contraires. (Le Vert négatif étant lui-même, comme il a été dit, le lien-séparation entre les deux pôles opposés). Ainsi il a fallu chercher dans ce faisceau le rayon qui répondît au cancer, puis tâcher de l'isoler.

Après de longues expériences je suis parvenu à le faire et en même temps, à mon étonnement, j'ai découvert dans le même faisceau d'autres rayons pouvant être utilisés pour traiter d'autres maladies graves, comme p.e. la tuberculose. Quand je me servis de l'onde pure, dépourvue de toute autre vibration, le résultat de la cure devint manifestement plus rapide et plus efficace. Le rayon caractéristique du cancer se trouve exactement à 6° 15' de déclinaison angulaire par rapport au plan O-E perpendiculaire à l'axe N-S de la sphère, du coté positif, c'est-à-dire entre le point Nadir (ce que nous appelons Vert négatif) et le Noir. Le rayon de la tuberculose se trouve au contraire du côté négatif (entre le V-et le Blanc). Quand j'ai réussi à isoler le rayon cancer, j'ai pu constater que la première application sur le malade donnait comme un coup de matraque et faisait descendre l'intensité du cancer (jugée d'après le biomètre et les appareils Naret) de toute une série de degrés. Le malade se rendait compte instantanément des chocs que je faisais subir à son témoin. Voici un exemple.

Une malade avait le cancer dans l'ovaire droit et les souffrances étaient telles qu'elle était près de sauter du lit et de se jeter par la fenêtre. Elle fut mise (c'est-à-dire son témoin sang) sous l'action de l'appareil à 3 h. p.m. A 5 h. p.m. elle téléphona pour dire que toutes les douleurs avaient cessé et qu'elle s'était levée. Les douleurs dues au cancer ne sont plus jamais revenues et la malade succomba à un ictère grave, car elle refusait de se faire opérer du vésicule biliaire. Ceci n'avait aucun rapport avec le cancer dont elle fut guérie, ce qui fut prouvé par laparotomie et analyse.

Ayant réussi à isoler le rayon spécifique du cancer, il

fallut lui donner un nom, et j'ai choisi la lettre grecque PI qui, il me semble, le définit bien. Pourquoi ai-je choisi cette lettre entre toutes, bien qu'elle soit un terme de mathématique qui détermine un nombre à fraction indéfinie ? C'est précisément pour cette raison, car parmi nombre d'autres données scientifiques qui sont enregistrées dans la Grande Pyramide le nombre PI joue un rôle important (voir pour les détails le livre du Professeur A. Strauss, "Die Verzal Pi" et du Prof. Franzel, "Die Cheopspyramide und ihre Elementare").

D'autre part, étant donné que j'avais trouvé le point de départ de ma découverte précisément dans mes études sur la Grande Pyramide, on comprend que je voulais y rattacher le nom du rayon que j'ai, pour ainsi dire, tiré de ce monument éternel. La syllabe PI commence le mot Pyramide qui en lui-même est plein de signification: PR-MS (Pyrmus) en langue hiéroglyphique signifiait: "sortir à la naissance" ou peut-être renaissance spirituelle.

Or, comme le rôle de ce rayon dans mon système de cure est précisément de faire renaître les tissus morts, il me semble que la dénomination PI est bien apppropriée.

Au début, comme je l'ai déjà dit, je me servais de batteries de quatre éléments formés d'hémisphères, ayant 10 cm. de diamètre en bois d'acajou. Ou bien du même nombre de pyramides superposées l'une au-dessus de l'autre pour constituer une batterie. Le témoin du patient était continuellement exposé à l'action de cette batterie et cette exposition durait quelque fois des mois. Plus tard j'observai qu'il était préférable au début du traitement de soumettre le patient à de courts chocs par des appareils beaucoup plus puissants. Je réduisis donc la masse des éléments en les faisant plus petits, mais en augmentant leur nombre dans une batterie. Ceci diminua l'ampérage mais augmenta le "voltage" de l'appareil, pour employer des termes électriques.

Je constatai qu'en faisant des chocs de 15 à 20 minutes d'exposition espacés à intervalle de plusieurs jours, on parvenait à un résultat beaucoup plus rapide. Puis, quand le mal est maîtrisé, on poursuit le traitement par des batteries de quatre éléments jusqu'à la guérison complète.

Pour diagnostiquer le cancer je me sers de deux moyens dont l'un recoupe et confirme l'autre: 1) J'ai une série de coupes et lames d'Histologie pathologique qui est composée de toutes les formes de cancer (épithelion, sarcoma, mioma etc.) dans tous les organes et parties du corps. 2) J'ai réussi à faire un pendule spécial qui répond seulement à la vibration cancer. J'ai pu constater que, bien que la cellule néoplasique puisse se développer dans différents tissus du corps: (p.e. l'épitelioma—tumeur épithéliale; sarcome—tumeur conjonctive, etc.) elles répondaient néanmoins toutes au même rythme de vibration qui était captée par le pendule détecteur du cancer.

Pour diagnostiquer le cancer je procède de la façon suivante: Ayant établi au moyen de mon P.U. un dérangement dans un organe ou un tissu qui ne se prête pas au traitement par aucune des couleurs tant visibles qu'invisibles, j'approche mon détecteur cancer qui commence à girer s'il y a même une seule cellule cancéreuse. Si au contraire le mal n'est pas d'origine néoplasique, le pendule reste sans mouvement. Après avoir constaté par le pendule la présence de cellules cancéreuses, je place le témoin sur la planchette Naret à segments à l'emplacement Sud, et l'une après l'autre les lames des différentes formes de cancer de l'organe en question, jusqu'à ce que mon P.U. (en cône ajustable) commence à balancer dans le secteur N.O. indiquant par sa déclinaison, formant angle avec la ligne centrale, l'intensité et le développement du mal. J'obtiens ainsi deux mesures : l'une angulaire par la planchette Naret et l'autre de longueur en plaçant le témoin sur la plaque du biomètre et en amenant le détecteur cancer le long de la règle jusqu'à ce qu'il commence à balancer en travers. Ces deux mesures me donnent la possibilité de juger du progrès du traitement et les chiffres obtenus de cette façon sont marqués journellement dans la fiche individuelle du patient. Dans le chapitre suivant je donnerai à titre d'exemple une fiche de ce genre relevée dans mes dossiers.

Avant de terminer ce chapitre je tiens à noter certains essais que j'ai faits avec d'autres appareils.

J'ai construit des oscillateurs, m'inspirant de ceux de Lakhovsky, mais avec certains changements: 1) il n'y a pas de courant électrique et tout le "courant" que l'oscillateur reçoit est celui venant de la terre que je capte au moyen d'une ficelle joignant l'appareil au mur. 2) la seconde particularité de mon oscillateur est que je suis parvenu à concentrer sa puissance. Il émet ainsi une seule vibration, et son choix dépend de l'opérateur. J'ai réussi à obtenir ceci en plaçant au centre une flèche glissante. En changeant plus ou moins sa longueur on change la forme du cône imaginaire constitué par le bout de flèche avec le cercle extérieur de l'oscillateur. L'idée, comme le lecteur le voit, remonte de nouveau au P.U. à cône de Chaumery et Bélizal.

Cet appareil me donna satisfaction dans certains cas de cancer de la peau, mais pour des néoplasies des organes internes sa force de pénétration n'est pas suffisante.

L'autre appareil que j'ai essayé est celui à cylindres hélicoïdaux dont l'angle de déclinaison de l'hélice est celui correspondant au cancer, notamment 6° 15'. Cet appareil me donna satisfaction dans certains cas pas trop avancés et ne demandant pas de grande concentration de puissance. Ces deux appareils peuvent à la rigueur être employés dans les traitements directs des cas de cancer superficiel.

Pour terminer ce chapitre et pour mettre en une courte formule le procédé de traitement du cancer sur lequel nous avons longuement délibéré, on peut dire que *le remède se trouve dans le mal lui-même* et que c'est en se servant de la vibration qui a provoqué le déséquilibre cellulaire qu'on parvient à rétablir l'équilibre normal de la cellule. Similia similibus curantur.

CHAPITRE IV.

QUELQUES EXEMPLES

Je l'ai déjà dit et chaque médecin, chaque livre de médecine vous le confirmera. Ce qu'il y a d'essentiel pour avoir des chances de guérison du cancer, c'est le diagnostic précoce. Tant que le mal n'est que localisé, il se prête assez facilement au traitement, et une opération faite à ce stade a beaucoup de chances de réussite. Mais voilà, comment savoir qu'un dérangement interne qui n'a l'air d'être d'aucune gravité est un commencement de cancer ? Un bouton sur le bout de la langue, une crevasse de lèvre, un mal de gorge persistant, un durillon dans le sein, tout ceci peut en être le début. Et même, si le patient averti s'adresse à un médecin dès qu'il remarque quelque chose d'anormal, quel moyen possède le docte praticien pour distinguer si c'est le cancer ? Aucun, sauf le microscope. Il peut constater la présence d'une tumeur (et encore pas toujours), mais il dira prudemment qu'elle peut être bénigne aussi bien que maligne. C'est toujours le microscope qui seul peut résoudre ce problème. Mais pour obtenir une pièce à étudier au microscope il faut faire une incision dans la tumeur même. Et pourtant il a été observé que dès que le bistouri touche à une néoplasie, c'est comme un coup de fouet pour le mal qui commence à se développer beaucoup plus rapidement. Sachant cela, un chirurgien consciencieux hésitera longtemps avant d'entreprendre cet acte décisif.

C'est la raison qui m'avait poussé à déployer tous les efforts possibles pour trouver un moyen sûr de diagnostiquer le cancer à son début. Je crois que j'ai réussi en créant mon détecteur. En tout cas, jusqu'a présent je n'ai pas eu un seul cas où il se soit trompé soit en se prononçant pour ou contre un cancer, quand des médecins avaient supposé qu'une tumeur était de nature néoplasique. Des analyses microscopiques de ces deux genres de cas (positifs et négatifs) confirmèrent chaque fois le diagnostic de mon détecteur.

Voici à titre d'exemples quelque cas des deux genres relevés dans mes dossiers.

Cas No. 20. Tumeur sur homoplate droite présentant une bosse d'environ 2 cm. de hauteur et 3 cm. de diamètre. Le détecteur indique: *Cancer*. Les mensurations montrent une assez forte virulence: *Biomètre Cancer* 35 et un très fort développement: *Planchette Naret* < 7. Etant donné que la tumeur est externe en sa grande partie et que le mal est encore concentré et n'a pas propagé de racines dans les ganglions, je conseille une opération au plus tôt. Le jour même le malade est opéré et une tumeur maligne en forme d'œuf peut être détachée. La plaie s'est vite cicatrisée et il n'y a pas eu de métastases.

Cas No. 90. Enfant de 3 ans traité par nombre de médecins qui avaient diagnostiqué cancer. Le mal commença par une opération des amygdales qui n'était pas nécessaire car c'était la para-thyroïde qui était affectée. Ainsi l'opération fut la cause de troubles des ganglions lymphatiques créant dans différents parties du corps des tumeurs qu'on prenait pour des métastases.

L'application de Rayons X empira l'état causant des brûlures et une leucémie, l'enfant dépérissait à vue d'œil.

On s'adressa à moi, demandant mon opinion, et un témoin (sang) me fut apporté. Le détecteur resta immobile — *pas de cancer*. On fit quand même une laparotomie qui confirma le diagnostic négatif.

Cas No. 92. Diagnostic médical et radiographie: cancer du poumon, il faut opérer au plus tôt.

La radiographie montre une légère tache au poumon droit. Le détecteur refuse de confirmer la présence de cancer. La tache est probablement due aux traces d'une ancienne bronchite. L'analyse confirme en tous points ce diagnostic.

Très souvent les médecins étaient frappés quand je leur montrais le dessin de l'emplacement exact et la forme d'une tumeur. Ils comparaient mon dessin avec la radiographie. "Mais comment avez-vous pu le faire?" me demandaient ils. "C'est mon détecteur qui me le trace", leur répondais-je.

Effectivement, chaque fois que je trouve le cancer dans un organe, je me munis de mon détecteur. Je promène lentement une pointe que je tiens dans la main gauche, sur l'organe affecté. Tant que la pointe est sur la région de la tumeur, le détecteur gire, dès que la pointe touche la chair saine, il s'arrête. Ainsi il est facile de tracer les contours d'une tumeur dans tous ses détails.

Et voici un cas où j'ai eu la chance d'observer le début d'une formation néoplasique que j'ai réussi à maîtriser dans l'espace d'une semaine. Ce cas est tellement intéressant que je vais le décrire en détail.

Cas No. 81. Une dame de 60 ans passés se présente le 2/9/1949. Elle se plaint depuis 2-3 mois de douleurs tantôt au dos tantôt dans la region du foie. L'auscultation médicale

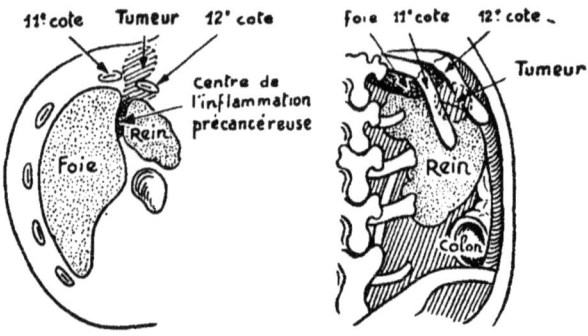

A. Coupe horizontale à la hauteur de la reversion lombaire.

B. Vue de la Tumeur sortant entre la 11e. et 12e. cote.

fait supposer des troubles dans le vésicule biliaire, mais le traitement prescrit ne donne pas de soulagement. L'auscultation directe radiesthésique semble indiquer plutôt le rein droit ou la glande surrénale droite comme étant le foyer du mal. L'auscultation indirecte sur planches anatomiques et témoin précise que l'affection se trouve non dans les organes, mais dans l'espace entre le foie et le rein droit. C'est le tissu conjonctif séreux remplissant cet espace qui est enflammé et c'est l'Infra-Rouge qui répond en résonnance.

De mes observations de nombreux cas j'ai pu déduire que cette couleur est souvent l'indice d'un état précancéreux. Je me mets donc à observer très attentivement, vérifiant l'état de la malade tous les jours. En même temps elle poursuit toujours son traitement médical, mais sans résultat. Mon détecteur n'indique toujours aucune trace de cancer. Des semaines s'écoulent ainsi, la malade se plaint toujours de douleurs.

Soudain, le 22/10 dans la soirée, alors que je faisais mon auscultation habituelle pour vérifier l'état de la malade, le détecteur commença à girer entre la 11ème et 12ème côtes à la hauteur de la 1ère vertèbre lombaire. J'ai pu tracer la tumeur qui s'était formée en sortant, pour ainsi dire, vers le dos. Il est intéressant de noter que la malade vint se plaindre le lendemain qu'elle sentait "comme une boule dans le dos du côté droit" qui l'incommodait.

Les mensurations par les appareils indiquaient une virulence et un développement faibles: B.C. 5 <2.

J'ai immédiatement soumis le témoin au choc pendant 15 minutes par l'appareil N⁰· 101 de grande puissance.

Le résultat de ce premier choc donna une réduction des chiffres: B.C. 1 et <0. Le lendemain 23/10, je répétai le choc par un appareil moins fort, ce qui réduisit encore les chiffres: B.C. 0 et <0. Le 24/10, il y eut une légère hausse: B.C. 2 et <1. Je soumis le témoin à l'action de la batterie à 4 éléments. Le 26/10 il y eut une dernière hausse, mais plus faible: B.C. 1 et <0, et après cette date le mal semblait être mâté. Bien que le détecteur ne donnât plus signe de vie je poursuivis le traitement jusqu'à ce que j'obtins sur la planchette Naret l'angle de 45° du côté S-O. (D'après les observations que j'ai faites sur beaucoup d'autres cas, ce n'est qu'à ce moment que l'on peut considérer le cancer comme définitivement arrêté).

Le 29/10, juste une semaine après le commencement du traitement, mes appareils indiquaient: B.C. o et $<$ -4 (c'est à dire que le pendule balançait sur la ligne de 45° S-O).

Le cancer était guéri et la malade se sentait bien, mais j'ai encore continué le traitement pendant deux semaines afin de fortifier l'effet. Puis ayant enlevé le témoin de l'appareil, je vérifiais de temps en temps l'état de mon ancienne malade qui persistait à être bon.

On me dira que dans ce cas mon diagnostic n'ayant pas été confirmé par l'analyse microscopique, je n'ai pas le droit d'affirmer qu'il s'agissait de cancer. Certes il n'y a pas eu de laparotomie et ce n'est que grâce à cela que le mal a pu être guéri aussi rapidement. Si le bistouri avait touché cette néoplasie en voie de formation, Dieu sait quelles auraient pu être les conséquences et combien de temps il aurait fallu pour rétablir la malade. Je suis certain que mon détecteur avait sonné l'alarme à temps pour pouvoir éteindre le feu avant qu'il ne soit propagé. Si on a des doutes, tant pis, je crois à mon détecteur qui ne m'a encore jamais trompé. En outre le contrôle par témoin-cancer avait confirmé le diagnostic.

Voici donc un autre cas pour les incrédules. Celui-ci a "le Diplôme médical" de cancer incontestable, parce qu'il avait été opéré deux fois.

En voici les détails :

Cas No. 76. Une malade, une jeune femme, s'était présentée le 26/3/49. Elle se plaignait d'une tumeur néoplasique qui fut deux fois opérée dans l'espace d'une année, elle avait aussi subi une série d'applications de rayons X (heureusement pas beaucoup), mais la tumeur se reformait de nouveau. Extérieurement elle présentait une légère enflure à la racine du cou du coté gauche. Les interventions chirurgicales étaient bien cicatrisées et l'enflure avait l'apparence d'une petite bosse inoffensive légèrement colorée.

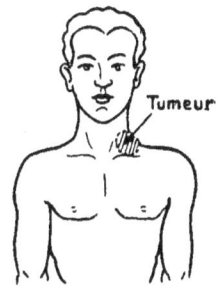 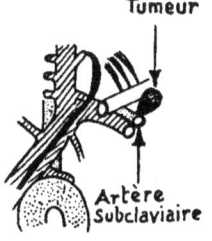 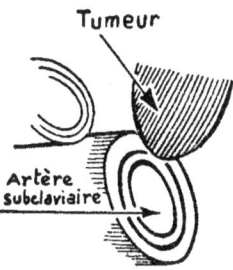

1. Aspect extérieur
2. Pénétration en pro- profondeur de la Tumeur.
3. Pénétration dans l'artère subcla- viaire.

L'auscultation sur planches anatomiques montra que la tumeur descendait en profondeur en forme légèrement conique jusqu'à l'artère subclaviaire. Elle avait rongé une partie de la couche extérieure du corps même de l'artère (Tunica adventitia) et touchait presque à la couche médiane (Tunica media). Il était clair que dans ce cas une opération n'avait pu réussir. On était obligé de faire l'ablation jusqu'à l'artère sans toucher à la partie de la tumeur qui pénétrait comme un coin dans le corps même de l'artère. Du point de vue chirurgical le problème était insoluble: si on extirpait la racine de la tumeur de l'artère, il y aurait eu hémorragie et mort subite; si par contre on laissait la racine encastrée dans l'artère, la vie serait prolongée, mais la tumeur repousserait de nouveau (ce qui arriva effectivement après les deux opérations). Il est évident que le chirurgien avait choisi la seconde solution.

Le bras gauche commençait à ressentir les effets de la présence de la tumeur, et les médecins avaient conseillé à la malade de faire le moins possible d'efforts brusques.

Ce cas m'a beaucoup intéressé et je me mis à l'œuvre. Les mensurations indiquaient une virulence et un développement pas très forts: B.C. 8 et $>$ 3. J'étais certain de pouvoir maîtriser ce cancer et effectivement après l'application de la batterie à 4 éléments, les mensurations étaient descendues le 7/4 à B.C. 1 et $>$ -3 (on se rappelle que l'arrêt complet du développement marqué sur la planchette Naret sur la ligne à 45° S-O est inscrit conventionnellement $>$ -4). Ainsi le développement était presque arrêté. Ce qui me préoccupait ce n'était pas le cancer même, mais la menace d'hémorragie dans le cas où le coin qui bouchait le corps de l'artère aurait été brusquement éliminé. J'avais bien en tête les cas mentionnés par Lakhovsky: quand une tumeur qui touchait une des grandes artères était éliminée, il s'en suivait une hémorragie fatale.

Mon problème donc se posait ainsi: 1) arrêter le développement néoplasique, et 2) pousser les cellules saines à boucher le trou au fur et à mesure que le coin, formé par la tumeur encastrée dans l'artère, se rétrécissait.

Ainsi, parallèllement au traitement du cancer par le rayon PI je devais encourager le développement des cellules saines. Les ondes qui me furent indiquées pour atteindre ce but furent une combinaison d'Infra-Rouge et Orange.

Tout marchait bien et le 10/9/49 j'ai pu constater la guérison complète. B.C. O et $>$ -4. La peau reprit son aspect normal et apparemment les cellules saines avaient fait leur besogne de réparation. La malade se sentait parfaitement bien. J'ai poursuivi l'observation jusqu'à la fin de décembre et tout continuait à aller bien.

Ce cas m'avait beaucoup intéressé et m'a été d'une grande utilité pour mettre au point mon procédé. Le cancer aurait pu être arrêté beaucoup plus vite, mais je craignais de détruire la tumeur avant que le tissu sain ait été réformé. C'est pour cette raison que je n'ai pas employé de choc, mais seulement un traitement doux et nécessairement long.

Un jour le Dr M.R. qui s'intéressait à mon système de traitement, voulut se rendre compte si mon détecteur pouvait effectivement distinguer le cancer. Il me soumit des témoins de trois cas différents. Au bout de deux jours je lui rapportai mon diagnostic :

1er CAS, Sarcome du bras droit amputé, métastases se propageant dans les ganglions de l'aiselle.

2ème CAS, Rhino Scleroma, tumeur bénigne due à la présence de bacilles de Frysh, narine gauche et larynx affectés.

3ème Cas, Rhino Scleroma, tumeur maligne se trouvant dans la narine droite, ayant pénétré à travers la lame criblée de l'éthmoïde à la hauteur du sinus frontal gauche.

Un croquis détaillé de la tumeur accompagnait chaque cas.

Le médecin fut convaincu, car les trois diagnostics concordaient jusqu'au plus petit détail avec ses propres constatations et les radiographies.

Voici encore un cas intéressant :

Cas No. 67. Un jeune homme alité depuis plusieurs mois, souffrant le martyre, traité pour une sciatique gauche. La diathermie, les injections ne donnaient aucun effet. L'auscultation sur planches anatomiques révéla ostéosarcome du fémur gauche. Les mensurations étaient : B.C. 30 et > 1, ce qui indiquait une virulence assez forte, mais un développement lent.

Le traitement fut commencé le 25/12/48 par une batterie de 4 éléments hémisphériques. Le 28 du même mois le B.C. marquait le chiffre 10. Il y a eu plusieurs rechutes, le mal ne voulant pas céder au traitement. A la plus forte rechute le B.C. remonta à 20. Le développement persistait à > 1.

Je dois dire ici que du temps de ce traitement je n'avais pas encore mis au point la nouvelle méthode de chocs par des appareils puissants. Je pense qu'avec ce système j'aurais obtenu un effet plus rapide.

Bref, ce n'est qu'en août de l'année suivante (1949) que le patient put être considéré comme complètement guéri, les mensurations étant B.C. 0 et > -4. Mais bien avant la guérison complète, environ deux mois après le commencement du traitement, il se sentait déjà rétabli: pas de douleurs, mouvements libres de la jambe à tel point qu'il pouvait même danser.

J'aurais pu continuer à relever des cas dans mes dossiers, mais il me semble que ces quelques exemples suffisent pour prouver l'efficacité tant du diagnostic que de la méthode de traitement.

Comme le lecteur a pu en juger, le cancer pris dès son début est facilement mâté et on peut être sûr de la guérison. Des cas avancés dépendent de l'emplacement de la tumeur. Si elle se trouve dans le système digestif — œsophage, pylore, duodénum ou colon — il est très difficile d'éviter une opération. Le traitement que je pratique demande un temps assez long. Mais le patient a besoin de se nourrir pour ne pas perdre ses forces, et la nourriture se frayant un passage par le tube digestif fait pression sur la tumeur, ce qui cause des souffrances. Il résulte que le patient craint toute nourriture et préfère s'abstenir afin d'éviter les douleurs parfois atroces, d'où affaiblissement, troubles du cœur et même parfois mort par inanition.

J'ai eu plusieurs cas de tumeurs au pylore ou au duodénum, où j'ai conseillé l'opération. Si après l'intervention chirurgicale on continue à tenir le patient sous l'action du rayon anticancéreux, tout risque de métastases est éliminé et le succès d'une pareille opération peut presque être garanti. Pourvu toutefois qu'elle ait été faite à temps, c'est-à-dire quand la tumeur est encore concentrée et que les cellules néoplasiques ne sont pas encore parties en voyage dispersant le mal dans les tissus voisins.

Les néoplasies dans les organes génitaux se prêtent plus facilement au traitement et très souvent on peut guérir le mal sans avoir recours au bistouri.

Le cas est plus grave lorsqu'il y a eu de nombreuses applications de rayons X ou de radium. Dans ces cas le traitement que je pratique est impuissant. Il arrête le cancer, ce qui a été prouvé par des analyses, mais il ne peut pas combattre les effets laissés dans les tissus par le rayon Gamma. Et le pire, c'est que ces effets destructifs persistent pendant des mois après les séances de radiothérapie.

J'ai dans mes dossiers plusieurs cas de patients qui étaient morts non du cancer, qui fut arrêté, l'analyse l'ayant démontré, mais précisément des brûlures profondes et des dérangements du système lymphatique causés par les rayons X.

Ne serait-il pas possible de faire des essais tant avec le radium qu'avec les rayons X d'application non directe sur patient, mais indirecte sur témoin, s'inspirant du système radiesthésique que j'ai exposé ?

J'avoue être profane en radiothérapie, mais ce que je propose n'est peut-être pas aussi bête que cela peut paraître à première vue. Si les vibrations radiesthésiques, appliquées à distance sur témoin, donnent des effets incontestables, ce qui a été prouvé maintes fois, pourquoi, utilisés de la même façon, les rayons X ou le radium ne donneraient-ils pas le même résultat ? En tout cas, de cette façon le danger de brulûres et autres dégats pourraient être éliminés et on pourrait concentrer tout le pouvoir curatif sur l'organe malade sans toucher à aucun autre tissu ou organe voisins.

Pourquoi ne pas essayer ?

CONCLUSION

J'espère que ce petit livre est suffisamment clair et que le lecteur a pu comprendre mon système J'ai essayé de l'exposer en détail et l'application m'a donné des résultats encourageants.

Il est regrettable que la majorité des représentants du Corps Médical rejettent la radiesthésie avec mépris. Elle pourrait cependant être d'une grande utilité aux médecins, surtout dans les cas de diagnostic difficile.

Que craignent-ils ? Que la radiesthésie fasse concurrence à la médecine ? Cela est absurde et il ne peut en être question.

La radiesthésie ne peut être considérée qu'en qualité d'aide de la médecine, tout comme la chimie pour les analyses, ou la radiographie qui permet au médecin de se rendre compte de l'état d'un organe interne.

L'auscultation radiesthésique sur planches anatomiques atteint au même but, et j'ai eu maintes confirmations de l'exactitude du dessin tracé au moyen d'appareils radiesthésiques quand on le comparait à une radiographie.

Mais le dessin radiesthésique a un avantage sur la radiographie: c'est qu'il permet d'obtenir la représentation d'une tumeur (p.e.) vue non seulement d'un seul angle, mais il peut montrer aussi la pénétration en profondeur et les destructions causées à l'organe atteint. Chose qu'aucune radiographie n'est en mesure de faire. Il suffit pour obtenir ces précisions de se servir de planches anatomiques représentant des coupes des organes à différentes hauteurs.

Voici l'opinion d'un grand médecin qui est en même temps un radiesthésiste renommé : "La sûreté du diagnostic et la certitude d'une thérapeutique efficace récompenseront largement ceux qui étudieront la radiesthésie médicale et la mettront en pratique. Ils pourront non seulement établir le diagnostic des lésions actuellement en évolution, mais déceler celles qui, à peine débutantes, n'ont pas encore les caractéristiques suffisantes pour être diagnostiquées cliniquement ..." (Dr A. Roux, "Vérités sur le diagnostic radiesthésique médical").

Il existe nombre de maladies dont le siège d'origine est une glande endocrine, un ganglion lymphatique, ou bien un centre nerveux.

La médecine actuelle ne possède aucun moyen permettant d'ausculter ces centres, et le médecin ne peut que faire des suppositions, plus ou moins justes, de la cause du mal. Pour le traitement il est obligé de se contenter de donner des médicaments qui agissent (du moins le suppose-t-on) sur les systèmes lymphatique ou nerveux en général. Il est évident que ce genre de traitement est long (dans le cas où il est couronné de succès), et d'un autre côté le médicament peut déranger d'autres centres qui lui sont réfractaires.

Le procédé que je suis en train de mettre au point et que j'ai exposé dans le présent ouvrage, permet de diriger l'onde curative uniquement sur le point qui présente le centre causal de la maladie. Ainsi l'effet obtenu est non seulement efficace, mais aussi rapide.

Des cas d'asthme, de psoriasis, de maladies d'yeux etc. (tous considérés incurables) ont été guéris dans un espace de temps assez court, toujours en agissant sur des centres glandulaires ou nerveux et uniquement par des radiations appropriées dirigées sur ces centres.

Malheureusement en radiesthésie (comme du reste dans toutes les sciences) il y a nombre de charlatans qui, connaissant très peu s'avanturent à traiter des malades par des moyens dont ils ne savent pas les effets. Ces personnages font le plus grand tort à la radiesthésie et très souvent du mal au patient qui se fie à eux.

C'est pour écarter cette activité des profanes et afin de protéger le malade qu'il aurait fallu que la radiesthésie soit officiellement reconnue et étudiée scientifiquement dans les facultés de médecine.

Je souhaite de tout cœur que cela arrive au plus tôt. Une fois incorporée dans l'enseignement médical, la radiesthésie trouvera nombre d'hommes de science qui s'attacheront à la développer afin d'en faire une science exacte.

En présentant au public ce petit livre je ne prétends pas avoir dit le dernier mot, tout au contraire, je reconnais que ce n'est que la première syllabe, pas même le premier mot.

Mais ... Faeci quod potui ...

BIBLIOGRAPHIE

H. Blanchard,	La vérité sur la guérison du cancer.
N. Bohr,	La théorie atomique.
Dr. Collet,	Isopathie.
H. Chretien,	Le cancer.
L. Chauveau,	Alerte au cancer.
G. Discry,	La radiesthésie au service de la Médecine.
L. Franc,	Essai sur la Radiesthésie Générale et Médicale.
Dr. A. Leprince,	Les radiations des maladies et des microbes.
G. Lakhovsky,	La formation néoplasique et le déséquilibre oscillatoire cellulaire.
G. Lesourd,	Méthode radiesthésique de recherches des maladies et imprégnations microbiennes.
Dr. E. Maury,	Radiesthésie et cancer.
Dr. H. Naret,	Contribution à la Radiesthérie médicale.
Dr. A. Roux,	Cancer et Radiesthésie.
Dr. J. Regnault,	Biodynamique et radiations.
Col. de Rochas,	Extériorisation de la sensibilité.
Bar. Reichenbach,	Les Effluves Odiques.

DU MEME AUTEUR

Trilogie de la Rota 3 Vol. (Cabasson, Toulon, Var. 1928)
Cure magique au XXème siècle (Cabasson, Toulon, Var. 1929)
Post mortem (Cabasson, Toulon. Var. 1929)
Sacrifice (Schicks, Bruxelles. 1923)
La Langue sacrée (Foua Lamessine, Paris. 1934)
Le principe de dédoublement dans l'enseignement égyptien ("**Psyché**", Paris. 1933)
Les origines de la Genèse et l'enseignement des temples de l'Ancienne Egypte 2 Vol. (Institut Français d'Archéologie Orientale, Le Caire 1936)
Premiers pas en radiesthésie thérapeutique (Al Maaref, Le Caire 1949)
Message from the Sphinx (Rider & Co. Londres 1936)
Astrologie médicale (Hermétisme, 1928)
Astrologie ancienne et Astrologie moderne (Psyché 1928)
Astrologie cabbalistique (Psyché 1928)
L'envoûtement (Psyché 1929)
Le cliché astral (Annales d'Hermétisme 1929)
La lettre mère (Astrosophie 1929)
Commentaires sur quelque symboles cabbalistiques (Le Voile d'Isis 1929)
La sagesse de l'arome (Psyché 1930)
Les foyers de lumière (Psyché 1929)
Technique d'une cure magique (Astrosophie 1930)
L'immortalité (Astrosophie 1930)
An oriental legend retold (The Seer 1930)
Le maître (Astrosophie 1931)
La magie (Astrosophie 1931)
Quelques données sur l'astrologie égyptienne (Psyché 1933)
Lettre à M.V. (Psyché 1933)
Exemple d'interprétation du sens caché des hiéroglyphes (Psyché 1934)
La chaîne magique (Astrosophie 1934)
La médecine aux temps des pharaons (Les Papiers du Merveilleux 1934)
Sur la rive ouest du Nil (Astrosophie 1938)

Ebook Esotérique réédite,
sous forme de livres électroniques
ou Ebooks, des livres ésotériques et
d'occultisme qui sont devenus rares ou
épuisés.

Visitez Ebook Esotérique

www.ebookesoterique.com

Inscrivez-vous pour recevoir
notre Bulletin-Info.
Vous serez informé des
nouvelles parutions et promotions.

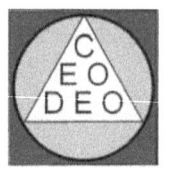 Vous avez une question sur l'Hermétisme, l'Esotérisme ou la pratique des Sciences Occultes ?

L'Encyclopédie Ésotérique vous apportera des réponses et des mises au point précieuses.
Cliquez www.ceodeo.com

L'Encyclopédie Ésotérique ainsi que les articles, dossiers, cours et essais que vous trouverez sur notre site s'adressent tant aux profanes qu'aux spécialistes.

Collège Ésotérique et Occultiste
d'Europe et d'Orient
(CEODEO) www.ceodeo.com

www.ingramcontent.com/pod-product-compliance
Lightning Source LLC
Chambersburg PA
CBHW071723090426
42738CB00009B/1864